# 고마워!
## 세상을 바꾼 신기한 생물들

**인간에게 도움을 주는 동식물 이야기**

이시다 히데키 감수

마쓰모토 마키, 이케우치 릴리 그림

허영은 옮김

청어람미디어

# 들어가며

우리 생활 곳곳에는 여러 생물에게 배운 기술이 숨어 있어요. 예를 들면 고속열차나 비행기와 같은 많은 공업제품에는 벌집의 육각형 모양을 본뜬 벌집 구조가 사용돼요. 옷과 가방을 비롯한 다양한 상품에 붙어 있는 벨크로테이프(찍찍이)는 우엉과 도꼬마리 열매에 달린 갈고리 모양 가시 덕분에 생겨난 발명품이지요. 두 가지 발명은 생물의 형태에서 힌트를 얻었지만, 그 밖에 생물의 성질이나

생물에게서 발견한 물질을 이용하기도 한답니다.

이 책에서는 인간의 생활을 더욱 편하고 풍요롭게 해줘서, 진심을 담아 "고마워!"라고 말해주고 싶은 동물과 식물을 소개합니다. 책을 끝까지 읽고 특히 궁금한 내용이 생기면 꼭 인터넷이나 도감 등을 찾아서 깊게 조사해보세요. 직접 손으로 만져보며 관찰하는 방법도 좋겠지요. 어쩌면 그 과정에서 여러분만의 발견

을 하게 될지도 몰라요. 발견한 사실과 느낌이 차곡차곡 쌓여서 미래의 새로운 발명으로 이어지면 멋질 거예요.

오늘날 지구에는 75억 명이나 되는 사람이 살고 있어요. 지금 이 순간에도 그 숫자는 계속 늘어나고 있어요. 20년 전에는 60억 명이었으니, 얼마나 빠른 속도로 많아졌는지 어느 정도 가늠해볼 수 있겠지요. 우리가 앞으로도 편안하고 안전하게 살아가기 위해서는

영리한 대책이 필요합니다. 바로 '한정된 자원'과 '환경오염'이라는 문제를 어떻게 풀어나가야 할지 생각해야 해요. 예를 들어 연료와 플라스틱 제품 등으로 가공되는 석유를 불에 태우면 지구온난화의 원인인 이산화탄소가 많이 생겨요. 플라스틱은 저절로 썩어 흙이 되지 않기 때문에 플라스틱 쓰레기를 올바르게 처분하지 않으면 자연을 무너뜨리는 원인이 될 수도 있어요.

자연 속에서 사는 생물들은 지하자원이나 에너지를 사용하지 않고도 잘 살아요. 흰개미 둥지는 바깥 기온이 40도를 넘어도 실내 온도는 항상 30도 정도를 유지해요. 그 이유는 둥지가 탑처럼 생겼기 때문이에요. 자연의 대류 현상이 일어나서 더운 공기는 위로 올라가 밖으로 빠져나가고, 차가운 공기가 아래쪽으로 새롭게 들어오지요. 이러한 원리를 우리 생활 속으로 끌어온다면 전기를 사용하지 않

고도 쾌적하게 지낼 수 있어요.

인간과 생물은 하나의 지구에 사는 이웃사촌. 어느 한쪽이 꾹 참거나 희생해야만 함께 살 수 있다면 과연 행복할까요? 우리도 즐겁게 생활하고 다른 생물 역시 상처 입지 않으면서 더불어 살 수 있는 새로운 방법이 필요한 순간입니다.

## 1장 우리 주변의 발명품

- 타조 마스크로 감기 퇴치! ······ 12
- 빗방울을 또르르 튕겨내는 연잎 ······ 16
- 거미가 플라스틱을 없앤다고?! ······ 20
- 총알처럼 빠르게 헤엄칠 수 있는 상어 수영복 ······ 24
- 게로 양말이랑 화장품을 만든다고?! ······ 28
- 청소가 제일 쉬워요♪ 달팽이 벽 ······ 32
- 사용하기 편리해! 가리비 분필 ······ 34
- 오징어 님께, 당신 덕분에 맛있는 글자를 쓸 수 있게 되었습니다 ······ 36
- 선명하게 쾅쾅! 코끼리 도장 ······ 38
- 숲을 지키고 마을을 구한다고?! 비버 댐 ······ 40
- 지뢰 찾기의 달인 아프리카 주머니쥐 ······ 42
- **궁금해요 01** 타조 마스크 개발자 쓰카모토 박사님을 만나다! ······ 44

## 2장 의료 · 식품

- 투구게가 인류의 구원자라고?! ······ 46
- 모기 덕분에 발명된 아프지 않은 바늘 ······ 50
- 사향고양이의 똥 커피를 마셔보똥♪ ······ 54
- 암 치료제 연구의 희망 벌거숭이두더지쥐 ······ 58
- 투구꽃의 독으로 병이 낫는다고? ······ 62
- 화상을 치료하는 틸라피아 반창고 ······ 66
- 붙였다 떼었다 도마뱀붙이 테이프 ······ 68
- 물속에서도 달라붙기 선수! 홍합 접착제 ······ 70
- 스트레스를 줄여주는 사슴 약 ······ 72
- 여러 가지 물건으로 변신! 칡 ······ 74
- 곰팡이는 맛있는 음식을 만드는 요리 고수 ······ 76
- 고추냉이는 몸을 지켜주는 보디가드 ······ 78
- 보존은 너한테 맡긴다! 마가목 ······ 80
- 혓바닥이 파랗게 변하지 않는 착색료 스피룰리나 ······ 82
- **궁금해요 02** 세계의 바다를 떠도는 미세플라스틱 ······ 84

## 3장 생활

- 농가의 훌륭한 도우미 **무당벌레** …… 86
- 피부 촉촉 머릿결 찰랑찰랑 **동백기름** …… 90
- 어느 쪽이 진짜야? **페이크퍼** …… 94
- 벌레 퇴치에 효과가 있는 **달마시안제충국** …… 98
- 청소기 먼지를 줄여주는 **고양이** 혓바닥 …… 102
- 새 옷처럼 깨끗해지는 **돌고래** 세탁기 …… 104
- 젖은 머리를 빠르게 말려주는 **칼새** 헤어드라이어 …… 106
- 몸에 해롭지 않은 샴푸는 **토끼** 덕분 …… 108
- 벨크로테이프의 힌트를 준 **도꼬마리** …… 110
- **개** 발바닥 덕분에 만든 데크슈즈 …… 112
- 등딱지가 아름다워! **바다거북** 대모 공예 …… 114
- 피부에 좋은 천연 스펀지 **해면** …… 116
- 좋은 향기가 솔솔 **향유고래** 향수 …… 118
- 메마른 피부를 보호해주는 **멧돼지** 크림 …… 120
- **궁금해요 03** 날지 않는 무당벌레 연구자 시미즈 선생님을 만나다! …… 122

## 4장 공업

- 영양분도 되고 연료도 되는 **연두벌레** …… 124
- 겨울에도 안전한 **북극곰** 미끄럼방지 타이어 …… 128
- **배좀벌레조개**는 터널 공사 전문가 …… 132
- 바람을 가르며 달려라! **물총새&올빼미** 고속열차 …… 136
- 가볍고 튼튼한 **벌집** 구조 …… 140
- 자동차를 안정시키는 **청새치** …… 142
- 배가 거침없이 나아가는 비결은 **참치** 페인트 …… 144
- **모르포나비**의 색소가 없는 아름다운 페인트 …… 146
- 안전하게 걸을 수 있는 **박쥐** 초음파 레이더 …… 148
- 빛 반사를 막는 **나방** 필름 …… 150
- **생물형 드론**이 활약할지도?! …… 152
- 자연을 지켜라! 오래된 타이어를 분해하는 **버섯** …… 154
- **궁금해요 04** 날다람쥐 수트 입고 푸른 하늘을 훨훨! …… 156
- 이 책에 도움을 주신 분들 & 참고문헌 …… 157
- 마치며 …… 158

# 등장인물 소개
## ABOUT CHARACTERS

### 신미래

똑똑하고
지식이 풍부하다.
곤충을 무서워하고,
감정 표현을 잘 하는
성격이다.

### 진자연 선생님

인간에게 도움을 주는
생물이라면 뭐든지
아는 척척박사.
미래와 배움이에게
알기 쉽게 설명해준다.

### 나배움

말장난 개그를
좋아하는 장난꾸러기.
미래를 좋아해서
친하게 지내고
싶어 한다.

# 1장
## 우리 주변의 발명품

# 타조
## 마스크로 감기 퇴치!

- 🧒 선생님…. 에취~ 콧물이 줄줄 흘러요….
- 👵 이런 배움이가 감기에 걸렸나 보구나. 타조 마스크 한번 써 볼래?
- 🧒 엥? 타조?! 마스크랑 무슨 상관이 있나요?
- 👵 타조는 질병에 잘 걸리지 않는 새인데, 오랫동안 아무도 그 이유를 몰랐단다. 그런데 최근 일본의 쓰카모토 야스히로 박사가 타조 면역력의 비밀을 풀었어.
- 🧒 우와, 굉장한 발견이네요!
- 👵 타조는 질병의 원인인 '바이러스'나 알레르기 반응을 일으키는 '알레르겐'이 몸속에 들어왔을 때, 이를 물리치는 항체 물질을 만

## 무엇이 고마울까?

- 독감, 꽃가루 알레르기를 예방할 수 있다.
- 바이러스나 알레르겐을 물리친다(다른 사람에게 전파할 가능성이 작다).

> 수컷 타조의 깃털 색은 검은색, 암컷은 갈색이야!

드는 능력이 뛰어나다는 사실을 밝혀낸 거야. 타조 마스크에는 타조알에서 뽑아낸 수백조 개가 넘는 항체가 발라져 있어.

수백조요…?!

일반 마스크는 방어 효과만 있어서, 마스크 표면에 달라붙은 바이러스나 알레르겐이 멀쩡히 살아 있어. 그런데 타조 마스크는 방어 기능뿐 아니라 퇴치 기능까지 갖춘 셈이야. 일반 마스크를 썼을 때, '마스크에 붙은 병균이 공기 중으로 다시 퍼지는 현상'이나 '마스크를 만진 손으로 다른 사람을 전염시키는 일'도 줄

◆ **항체와 예방접종**

예방접종은 해롭지 않을 만큼 약화시킨 바이러스를 주사해서 몸속에 항체를 만드는 거예요.

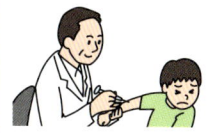

일 수 있지.

진짜 일석이조네요.

그리고 타조알은 엄청나게 커서 길이는 15cm가 넘고 무게는 약 1.5kg이나 되거든. 달걀보다 20~25배 큰 세계에서 가장 거대한 알이지. 타조알 프라이를 만들면 혼자서 다 못 먹을 정도로 많을걸.

다음에 타조알 요리에 도전할래요! 맛있게 만들어서 선생님도 초대할게요.

고맙구나, 미래야. 기대하고 있을게.

…선생님. 타조알 드시면, 저랑 항체만 교체하실래요?

◆ **타조 항체를 얻는 방법**
① 타조에게 독감 백신을 주사한다.
⋮
② 타조 몸속에 많은 항체가 생긴다.
⋮
③ 타조가 낳은 알에서 항체를 뽑아낸다.

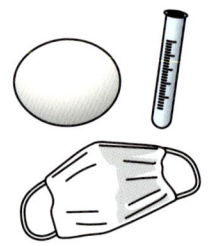

# 타조를 소개합니다

수명은 약 60년.

장수 동물!

지능이 뛰어난 편은 아니다. 뇌 크기는 사람의 약 1/40(40g) 정도.

타조 깃털은 정전기가 일어나지 않아서 컴퓨터 먼지떨이 등으로 사용된답니다.

시속 약 60km로 1시간 이상 달릴 수 있다.

보들 보들

## 타조의 비밀

**분포: 아프리카의 여러 나라(야생)**

수컷 타조의 키는 230cm, 몸무게는 160kg을 넘는다. 발이 빨라서, 달릴 때 최고 속도는 시속 60~70km. 평소에는 순하지만, 화가 나면 무섭게 돌변한다. 타조에게 차이면 뼈가 부러지기도 한다.

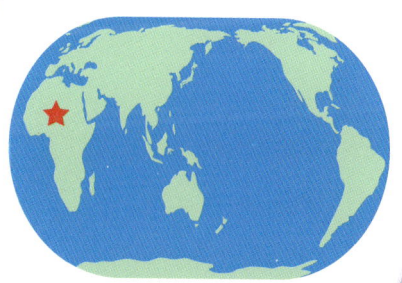

# 빗방울을 또르르 튕겨내는 연잎

연근의 구멍은 연근이 땅속에서 자랄 때 숨 쉬기 위한 공기 통로야.

- 배움이 너 또 연근 남겼네! 편식쟁이래요.
- 지, 지금 먹으려고 했어. 아~ 정말 맛있겠다!
- 거짓말.
- 알았어, 먹으면 되잖아. 그전에 내가 퀴즈 하나 낼 테니까 맞혀 봐. 정답이면 남김 없이 싹싹 먹을게. 첫 번째 질문, 연근은 어디에서 자랄까?
- 정답. 진흙 속! 연근은 연꽃의 땅속줄기가 굵어진 거잖아. 뿌리채소라고도 하지.
- 윽… 모르는 게 없어.
- 그럼 두 번째 질문. 너희 연꽃이 우리 생활에 큰 도움을 준다는 사실을 아니?

## 무엇이 고마울까?

- 발수 스프레이.
- 요구르트가 묻지 않는 뚜껑.
- 청소가 간편한 변기와 세면대 등이 발명되었다.

---

🧒 선생님 어서 오세요.

👵 연잎에 물을 뿌리면 재미있는 일이 벌어진단다. 같이 실험해볼까?

🧒 앗, 물이 구슬처럼 둥글게 뭉쳐졌어요!

👵 바로 연잎 효과라는 현상이야. 연잎 위의 물방울이 흡수되지 않고 굴러떨어지면서 먼지를 씻어내기 때문에 연꽃은 늘 깨끗한 상태로 햇빛을 마음껏 흡수할 수 있지.

🧒 신비한 능력이네요.

👵 연잎 효과에서 아이디어를 얻은 상품

◆ 진흙 속에서 자라는 연근

은 아주 많아. 예를 들면 빗방울을 튕겨내는 발수 스프레이, 요구르트가 묻지 않는 요구르트 뚜껑이 있어. 그 밖에도 이물질이 묻지 않는 변기와 세면대처럼 다양한 물건에 폭넓게 이용된단다. 최근에는 연잎 효과를 신호등에 응용하는 연구도 진행되었어. 눈이 많이 내리는 지역에서는 신호등에 눈이 달라붙거나 쌓여서 교통신호가 잘 안 보이는 경우도 있거든. 눈이 안 쌓이는 신호등을 설치하면 교통사고가 줄어들 것 같지 않니?

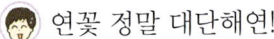 연꽃 정말 대단해연!

### ◆ 이것이 바로 연잎 효과!

연잎에 물을 떨어뜨리면 구슬 모양으로 둥글게 뭉쳐요. 이 현상의 비밀은 연잎 표면에 빼곡히 돋은 5~15㎛(1㎛는 0.001mm)의 작은 돌기에 있답니다. 연잎의 돌기는 물을 튕겨내는 왁스 성분으로 덮였어요. 그래서 물이 연잎에 닿으면 스며들지 않고 굴러다니다가 오염 물질과 함께 아래로 떨어지죠. 이 원리는 1997년에 독일의 식물학자 바르트로트가 발견했어요.

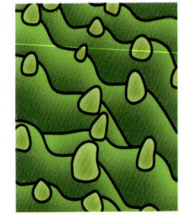

# 연꽃과 수련

**닮은꼴이지만 다른 꽃이라고?!**

- 꽃이 높은 곳에 핀다.
- 나팔 모양의 잎.

- 꽃이 수면 가까이에 핀다.
- 둥근 판 모양의 잎.

부처님 조각상의 꽃은 연꽃이었네!

## 연꽃의 비밀

**분포: 온대~열대 지역**

연꽃은 공룡시대인 약 1억 년 전부터 지구에 존재했으며, 지금까지 모습이 거의 변하지 않았다. 일본 지바현에서 2,000년보다 훨씬 오래전의 연꽃 씨앗이 발견되었는데, 이 씨앗에서 꽃이 피었다는 이야기가 있을 정도로 생명력이 강하다.

# 거미가 플라스틱을 없앤다고?!

- 꺅, 거미! 배움아 도와줘!
- 거미 악당! 내가 물리쳐주마!
- 아무리 작은 거미라도 소중한 생명이란다. 함부로 대하면 안 되지.
- 선생님, 너무 멋진 말씀이세요.
- 헐….
- 하지만 저는 거미가 별로 좋은 동물처럼 느껴지지 않아요. 특히 타란툴라처럼 커다란 거미는 너무 무서운걸요….
- 영화에서는 거미가 슈퍼 영웅으로 변신도 하던데?
- 하긴 얼마 전 읽은 책에서 부처님이 거미줄로 지옥에 떨어진 죄인을 구해줬어.

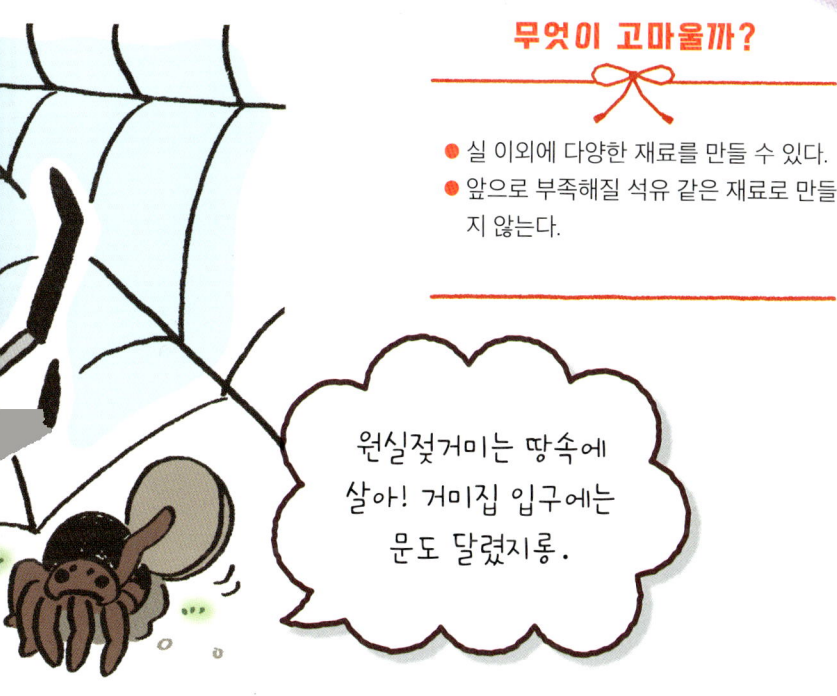

### 무엇이 고마울까?

● 실 이외에 다양한 재료를 만들 수 있다.
● 앞으로 부족해질 석유 같은 재료로 만들지 않는다.

원실젖거미는 땅속에 살아! 거미집 입구에는 문도 달렸지롱.

🧒 엥?! 거미줄이 사람을 끌어올릴 만큼 강하다는 말이야?

👵 거미줄은 사람이 매달릴 정도는 아니지만, 생각보다 매우 튼튼한 건 사실이야. 거미줄은 주로 피브로인이라는 천연 단백질 성분으로 이루어졌는데, 같은 두께의 강철보다 4배나 힘이 세다고 해.

탄력성도 나일론보다 2배나 뛰어나서 쭉쭉 늘어났다가 원래대로 줄어들지. 그 밖에도 '가볍다', '충격에 강하다' 등 여러 가지 특징이 있단다.

👧 감탄이 절로 나오는 능력이에요!

👵 일본의 스파이바라는 회사에서는 거미줄의 유전자 정보를 바탕으로 인공 단백질을 만드는 연구를 해. 2013년에는 세계 최

초로 **인공 단백질 섬유 쿠모노스**의 대량생산 기술을 완성하기도 했지(미생물을 이용한 발효생산법).

지금은 쿠모노스 섬유로 **아웃도어용 재킷**을 만들거나, 쿠모노스를 복합소재로 활용한 **자동차 시트**를 시험적으로 제작하고 있단다.

- 멋져요! 거미는 현실에서도 슈퍼 영웅!
- 쿠모노스는 석유를 사용하는 화학 섬유나 플라스틱 제품과 달리 **미래에 부족해질 수도 있는 자원을 사용하지 않는다**는 점도 눈여겨볼 특징이지.
- 쿠모노스를 활용한 상품이 많아지면, 석유가 필요 없어질 수도 있겠네요.

◆ **다양한 물건으로 변신?!**

쿠모노스는 실(섬유) 이외에 수지, 필름, 겔 등으로 가공하거나 복합소재(금속과 플라스틱 등 다른 재료를 합쳐서 만들어진 소재)로도 사용할 수 있어요.

◆ **거미줄은 대단해!**

거미는 이동할 때 엉덩이 끝부분의 방적돌기에서 '견인실'이라는 거미줄을 뽑아내기 때문에 거미집에서 떨어져도 원래 자리로 돌아갈 수 있어요.

거미줄의 강도는 매우 뛰어나서, 과학적인 계산에 따르면 1cm 굵기의 거미줄로 만든 거미집으로 비행기를 붙잡을 수도 있다고 해요.

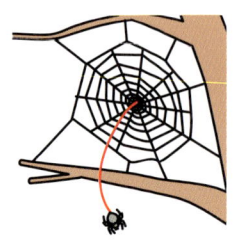

일본의 스파이바 회사에서는 이런 것도 개발한다!

고급 원단인 '베이비 캐시미어'처럼 우수한 실(아직 실로 가공하지 않은 원모 상태).

- 캐시미어와 비슷한 굵기
- 캐시미어처럼

 부드럽다   따뜻하다   매끄럽다

친환경 소재 만들기를 목표로 연구를 해.

 거미의 비밀

**분포: 세계 각지**

지구에는 4만여 종류의 거미가 있다. 유명한 타란툴라 중에는 20cm가 넘는 종도 있다. 수명은 10~20년 정도이다.

# 총알처럼 빠르게 헤엄칠 수 있는 **상어** 수영복

🧒 선생님! 지난번에 부모님과 수족관에 가서 진짜 상어를 봤어요. 입안에 줄줄이 난 날카로운 이빨이 무시무시했어요.

👨‍🏫 상어는 별명이 **바다의 폭군**일 정도니까, 좋은 이미지가 거의 없을 수도 있겠구나. 하지만 사실은 우리에게 도움을 주는 고마운 면모도 있단다.

🧒 그럴 리가!?

👨‍🏫 상어의 피부는 만져보면 사포처럼 까끌까끌해. 일본에서는 거친 피부를 상어 가죽이라고 빗대어 표현하기도 한단다. 방패비늘이라는 **송곳니처럼 뾰족한 비늘이 머리에서 꼬리 쪽으로 자라났는데,** 손을 대고 거꾸로 쓰다듬으면 아플 만큼 거칠어. 상어 피

## 무엇이 고마울까?

- 물의 저항을 줄여줘서 적은 힘으로 빠르게 헤엄칠 수 있다.

사나운 동물로 알려졌지만, 사람을 공격하는 상어는 일부 종류뿐이라는 걸 알아주면 좋겠어.

부로 만든 고추냉이 강판도 있으니 상상이 가지?

헐~! 피부가 아니라 완전 갑옷이네요.

그뿐만이 아니야. 상어 피부는 물의 저항을 낮추는 효과도 있어. 그래서 힘을 많이 들이지 않고도 빠르게 헤엄칠 수 있지. 이 특징에서 힌트를 얻어 영국의 스피도 회사, 일본의 미즈노와 도레 회사는 패스트 스킨이라는 전신 수영복을 개발했어. 2000년 시드니 올림픽에서 이 수영복을 입은 선수들이 연달아 신기록을 세웠지. 패스트 스킨은

### ◆ 상어 가죽 강판

상어 피부로 만든 강판에 고추냉이를 갈면, 금속으로 만든 강판을 사용할 때보다 매운맛이 부드러워진답니다.

'레이저 레이서'라는 수영복으로 진화했고, 이걸 입은 선수들의 활약으로 2008년 베이징 올림픽에서도 세계 신기록이 쏟아졌어.

하지만 최첨단 수영복의 효과가 너무 뛰어나서 불공정한 경쟁을 불러온다는 이유로 2012년 대회부터는 전신 수영복 착용이 금지되었으니, 상어 피부의 구조는 정말 대단했던 거야.

놀라운 사건이네요!

비행기 겉면에 상어 피부를 붙이면 공기 저항을 줄일 수 있는지 연구하는 회사도 있어. 이 연구가 성공하면 같은 거리를 날아도 지금보다 훨씬 적은 연료를 사용하게 될 거야. 혹은 똑같은 양의 연료로 더 빠르게 날 수도 있겠지.

선생님. 상어가 우리를 행복하게 해주는 최고의 방법이 생각났어요.

오 궁금하구나. 어떤 아이디어니?

나중에 맛있는 캐비어랑 상어 지느러미를 먹게 해준다면 끔뻑끔뻑 졸다가도 정신이 샤~크 달아나상어!

센스 없어!

◆ 리블렛 구조

상어 피부(비늘)처럼 한 방향으로 갈비뼈 모양의 미세한 비늘이 나란히 붙어 있는 것을 '리블렛 구조'라고 해요. 리블렛 구조를 사용하면 물이나 공기의 저항이 줄어들어서, 작은 힘으로 멀리 나아가거나 똑같은 세기의 힘으로 더 빠르게 이동할 수 있어요.

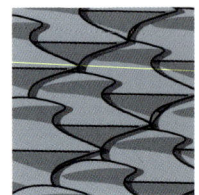

# 비늘 이야기

상어 비늘(방패 비늘)은 인간의 치아와 같은 에나멜질과 상아질로 이루어졌어요.

철갑상어의 일본 이름은 나비상어예요. 비늘이 나비처럼 생겨서 붙여진 이름이에요.

상어 이빨은 비늘이 오랜 시간에 걸쳐서 진화한 거예요.

철갑상어는 사실 상어가 아니랍니다.

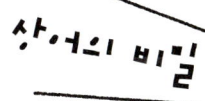

## 상어의 비밀

**분포: 세계 각지**

몸길이가 10m를 넘는 고래상어부터 20cm 정도로 자그마한 작은눈피그미상어까지 500종류가 넘는 상어가 전 세계 바다에 살고 있다.

# 게로
# 양말이랑
# 화장품을
# 만든다고?!

- 미래야 나 어제 꽃게 먹었지롱.
- 너무 맛있었겠다. 우리 엄마는 꽃게 요리 잘 안 해주시거든. 부럽다.
- 난 엊그제도 먹었는데? 꽃게가 그렇게 먹기 힘든 메뉴야?
- …배움아, 무슨 꽃게 요리였는지 기억나?
- 샐러드 위에도 올라갔고, 김밥 속에도 들었고.
- 그거 게맛살 아니야? 생긴 모양이나 씹었을 때 느낌이 게랑 비슷한 게맛살!
- 뭐?! 게맛살이었어? 게한테 완전 속았잖아!
- 네가 멋대로 착각했겠지.
- 하하하, 재미있는 얘기구나. 하지만 어쩌면 미래도 게한테 속았

### 무엇이 고마울까?

● 균이나 냄새를 막아준다.
● 촉촉함을 유지해준다.

게를 삶으면 빨갛게 변하는 이유는 아스타크산틴이라는 색소 때문이야.

을지도 모르는데?
무슨 말씀이세요?
내가 퀴즈를 낼 테니 맞혀보렴. 양말, 화장품, 수술용 실 중에서 게로 만든 것은 무엇일까?
음… 수술용 실 아닐까요?
땡, 세 가지 모두 정답이란다. 게껍질에는 우리 몸에 쉽게 흡수되고, 상처 회복 효과가 뛰어난 키틴이 많이 들었어. 그래서 키틴은 수술용 실이나 화상 치료에 쓰이는 인공피부로 가공되어 모두에게 도움을 주고 있지.
또 키틴을 화학적으로 처리하면 키토산으로 바뀌는데, 키토산은 균이나 냄새를 막는 효과가 있어서 양말과 속옷 섬유에 쓰이지. 촉촉함을 유지하는 효과도 있어서 화장품이나 비누에 넣기도 해.
- 게참~ 게는 능력도 좋네! 게밖에 멋진 활약은 뭐 게요?
- 최근 일본 돗토리대학교의 이후쿠 신스케 교수가 게에서 키틴 나노섬유라는 새로운 소재를 만들어냈어. 키틴은 물에 잘 녹지 않는다는 단점이 있지만 지름 10nm(머리카락의 약 1만분의 1 정도 굵기)까지 가늘게 만들어서 그 문제를 해결했어.
- 새로운 분야에서의 활약이 기대되는 소식이네요!

◆ 준비된 껍질?!
키틴은 새우껍질이나 오징어 연골에도 들었어요. 쓰레기로 버려지던 껍질에서 만능물질을 얻다니 대단하죠!

◆ 게껍질로 무엇을 만들 수 있을까?
- 장 속 환경을 좋게 해주는 약.
- 빠진 머리카락이 다시 자라는 탈모 치료제.
- 빵을 부풀게 하는 식품첨가물.
- 구부러지는 스마트폰(플라스틱에 섞으면 강철만큼 단단해진다) 등.

## 게의 비밀

**분포: 세계 각지**

게는 대게나 거미게처럼 커다란 생물이라는 이미지가 강하지만, 해안가 바위밭에 사는 무늬발게나 하천에 사는 일본 민물게 사와가니처럼 작은 게(게껍질 넓이 약 3cm)도 있다.

# 청소가 제일 쉬워요♪ 달팽이 벽

◆ 껍데기 표면(확대)

주름의 폭은 작은 경우 몇백nm* 정도. 젖으면 주름 사이에 물이 흘러들어서 얇은 막이 생겨요.

*100nm는 0.0001mm. 머리카락 굵기는 0.06~0.1mm 정도예요.

## 무엇이 고마울까?

- 쉽게 더러워지지 않는다.
- 청소할 때 필요한 물과 세제 양이 줄어든다.

🧓 달팽이가 등에 짊어지고 다니는 집 껍데기는 항상 반질반질하다는 사실을 알고 있니?

👧 진짜요?!

👦 달팽이는 깨끗한 걸 좋아하나 봐요.

🧓 하하하, 그럴지도 모르지. 달팽이 집은 물을 끌어당기는 힘이 있는 키틴질 성분으로 이루어졌어.

👧 키틴질을 기억할 때는 키친타월을 떠올려야지!

🧓 껍데기 표면은 미세한 주름이 촘촘하게 덮고 있는데, 젖으면 주름에 물이 고이면서 얇은 막이 생긴단다. 이렇게 달팽이 집은 항상 물막을 두르고 있어서 오염 물질이 달라붙기 힘들어. 만약 껍데기가 더러워져도 표면의 주름이 물받이 역할을 해서 물과 함께 휙 흘려보내지.

이 원리를 이용해서 만든 건물 외장재는 훨씬 적은 물과 세제만으로 집을 깨끗하게 유지할 수 있어.

👧 달팽이 벽은 관리도 편하고 환경에도 이롭네요.

## 달팽이의 비밀

**분포: 세계 각지**

달팽이는 약 2만 종류가 있다. 수명은 3~5년 정도. 자웅동체 동물로 수컷과 암컷의 성별 구분이 없다. 세계에서 가장 큰 아프리카왕달팽이는 몸길이가 약 20cm에 달한다.

# 사용하기 편리해!
# 가리비 분필

- 너희들 생선 초밥 좋아하니?
- 네! 저는 참치랑 가리비를 제일 좋아해요!
- 저는 알알이 톡톡 연어알 초밥이라면 배가 터질 만큼 먹을 수 있어요.
- 알알이 연어알이라니 혹시 아재 개그에 도전…?
- 아, 아니거든! 하여간 놀릴 거리만 찾는다니까.

- 하하하, 나도 가리비를 좋아한단다. 일본에서 먹는 가리비는 대부분 홋카이도나 아오모리 현의 양식장에서 잡아. 예전에는 조개관자만 떼어내고 껍질은 버렸는데, 그 쓰레기가 산처럼 쌓여도 처리할 방법이 마땅치 않아서 골칫거리였지.

### 무엇이 고마울까?

- 쉽게 부러지지 않는다.
- 가루가 날리지 않는다.
- 부드럽게 써진다.

- 접시로 사용하면 어땠을까요?
- 좋은 아이디어구나. 마을 사람들도 좋은 방법을 찾기 위해서 연구를 거듭했어. 그 해답 중 하나가 일본 이화학공업회사에서 만든 가리비 분필이야. 쉽게 부러지지 않고, 가루도 날리지 않고, 부드럽게 써지는 장점이 있어.
- 좋은 점만 가득해요!
- 가리비 껍데기는 그 밖에도 지우개, 항균제, 횡단보도 하얀 선 등에 활용된단다.
- 쓰레기 산이 보물산으로 바뀐 셈이네요. 감동 스토리~!

**분포: 세계 각지**

가리비는 약 300종류가 있다. 아시아에서 볼 수 있는 종류는 주로 큰가리비와 국자가리비이다.

# 오징어 님께,
# 당신 덕분에 맛있는 글자를 쓸 수 있게 되었습니다

### 무엇이 고마울까?

- 색이 잘 바래지 않는다(빛에 강하다).
- 물에 닿아도 잘 지워지지 않는다.
- 잘 뭉치지 않는다.

- 음? 만년필 잉크를 다 썼네.
- 오징어 먹물이라도 넣으면 어떨까요?
- 진짜 엉뚱하다니까. 그런데 선생님 오징어 먹물로 글자를 쓸 수 있나요?
- 물론이지. 레오나르도 다빈치도 오징어 먹물을 잉크나 물감으로 사용했다고 해.
- 진짜로요?!
- 오징어 먹물은 빛이나 물에 강하다는 장점이 있지만, 입자가 커서 펜에 잘 뭉치는 단점도 있어서 점차 사용하지 않게 되었지. 지금은 이런 단점을 고쳐서 오징어 먹물 잉크가 몇 가지 만들어지고 있어. 오징어 먹물 잉크로 쓴 글자는 짙은 부분과 옅은 부분이 드러나는 갈색*이 되지. 이런 특징 때문에 다른 잉크에는 없는 표현의 맛으로 즐겨 사용돼.
- 낭만적이에요.
- 표현의 맛만 있는 게 아니야. 오징어 먹물에는 감칠맛 원료인 아미노산이 많아서 진짜 맛있기도 하단다.

◆ **레오나르도 다빈치**

세계적인 명화 〈모나리자〉를 그린 화가예요(1452~1519). 예술, 과학, 건축, 수학, 천문학 등 다양한 분야에서 재능을 발휘했어요.

*오징어 먹물은 라틴어로 세피아(sepia). 세피아 색 이름은 여기에서 유래했어요.

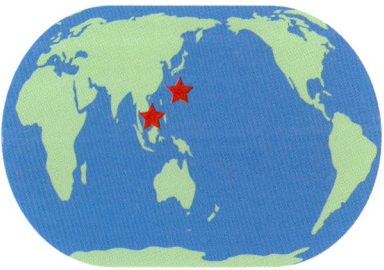

### 갑오징어의 비밀

**분포: 동중국해, 남중국해**

갑오징어는 먹물주머니가 커서 일본 간토 지방에서는 먹물 오징어라고도 부른다(지역마다 이름이 다르다). 봄부터 초여름에 알을 낳고, 수명은 1년이다. 몸길이는 15cm 정도이다.

# 선명하게 쾅쾅!
# 코끼리 도장

- 선생님, 상아가 뭐예요? 할머니가 제가 입은 스웨터를 보시더니 '멋진 상아색이구나'라고 하셨거든요.
- 상아는 한자로 '코끼리 상(象), 어금니 아(牙)'라고 쓰는데, 이름 그대로 코끼리의 엄니라는 뜻이야. 코끼리의 엄니는 앞니가 길게 자란 거야. 먹이를 찾으려고 땅을 파거나, 수컷끼리 싸울 때 사용하지. 상아는 가공하기 쉬워서 옛날부터 머리빗, 장신구, 피아노 건반과 같은 여러 공예품으로 만들어졌어.

🧑 상아로 만들면 뭐가 좋아요?

👴 예를 들어 상아 도장은 인주가 잘 묻어서 또렷한 모양을 찍을 수 있고, 여러 번 사용해도 쉽게 깨지거나 닳지 않아. 그리고 시간이 지날수록 인주 물이 들어서 아름다운 붉은 색(짙은 오렌지색)으로 변하지.

👩 엄니를 뺄 때 코끼리가 아프지 않을까요?

👴 상아는 법률이나 조약을 맺어서 사고팔지 못하도록 엄격하게 감시하지만, 비싸게 팔리기 때문에 여전히 밀렵이 끊이지 않아. 엄니를 얻으려고 아무 죄도 없는 코끼리를 죽이는 경우도 있어. 요즘 만들어지는 상아 제품은 수명이 다하는 등 자연적으로 죽은 코끼리 엄니를 사용해. 그래도 코끼리의 아픔을 생각하지 않을 수 없어.

🧑 상아를 소중하게 지켜줘야겠어요.

**무엇이 고마울까?**

- 가공하기 쉽다.
- 또렷하게 도장을 찍을 수 있다.
- 쉽게 닳거나 깨지지 않는다.

## 아프리카코끼리의 비밀

**분포: 아프리카**(사하라 사막보다 남쪽)

수컷 코끼리 중에는 몸길이 5m, 몸무게 7t을 넘기도 한다. 수명은 60~70년 정도로 알려졌다. 더울 때는 커다란 귀를 펄럭여서 몸속 피를 식힌다.

# 숲을 지키고 마을을 구한다고?!
# 비버 댐

🧒 어제 텔레비전에서 비버를 처음 봤어요. 카피바라랑 비슷하게 생겼는데 너무 귀여웠어요!

👵 비버는 커다란 앞니로 나무를 깎아서 쓰러뜨리거나 나뭇가지와 진흙을 모아 하천에 댐을 만드는 것이 특기인 동물이야.

👦 왜 댐을 만들어요?

🧑 비버는 댐으로 하천을 막아서 생긴 연못에 둥지를 만든단다. 둥지 입구는 물속에 있어서 늑대나 곰 같은 천적이 들어오지 못하지.

## 무엇이 고마울까?

- 하천의 수온이 내려가서, 물고기가 살기 좋아진다.
- 물새가 살 수 있는 장소가 생긴다.
- 물이 부족한 마을에 도움이 될 수도 있다.

👧 천재다! 그런데 하천에 마음대로 댐을 만들면 다른 동물들이 곤란해지지 않을까요?

👵 그렇지. 비버가 지은 댐 때문에 나무가 시들거나 농사지을 물이 끊기기도 해서 비버를 싫어하는 사람도 많아. 하지만 최근에는 비버 댐이 물을 막아서 '하천의 수온이 내려가 물고기가 많아졌다', '물새가 살 곳이 생겼다' 등 좋은 면도 있다는 사실을 알게 되었어. 비버 댐이 있으면 하천에 물을 가두기 쉬워지니까 물 부족 문제로 어려움을 겪는 마을을 도울 수 있을 거라고 기대하는 사람들도 있어.

👧 비버가 언젠가 영웅이 되길 응원할래요!

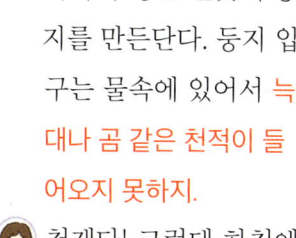

**분포: 북아메리카, 캐나다**
비버는 캐나다를 대표하는 동물이다. 수명은 15~20년. 앞니가 너무 길어지지 않도록 나무를 갉는다.

# 지뢰 찾기의 달인
# 아프리카 주머니쥐

### 무엇이 고마울까?

- 지뢰를 안전하게 찾아낼 수 있다.
- 지뢰로 크게 다치거나, 생명을 잃는 사람이 줄어든다.

 어, 미래야 너 요즘 살쪘어?

 너는 맨날 그런 것만 보니!

 미, 미안해. 너는 항상 예쁘고, 살쪄도 귀여워!

 흥, 나한테 말 걸지 마!

- 배움이가 아무래도 미래의 역린을 건드렸나 보구나.
- 역린이 뭐예요?
- '건드려서는 안 될 것을 건드리다'라는 뜻을 가진 비유 표현이야. 같은 의미로 '지뢰를 밟다'라는 말도 있는데, 배움이는 지뢰가 뭔지 알고 있니?
- 알아요. 적을 공격하려고 땅속에 묻는 폭탄이잖아요. 밟으면 폭발해서 무게를 싣지 않도록 살금살금 걸어야 하죠.
- 잘 아는구나. 전쟁에서 사용된 지뢰가 평화가 찾아온 뒤에도 많이 남아 있는 나라(캄보디아, 앙골라, 탄자니아 등)가 있단다. 그런 상황을 해결하려고 냄새를 잘 구별하는 아프리카 주머니쥐에게 화약 냄새를 기억하게 한 다음에 지뢰를 찾게 해서 제거하는 활동을 하는 사람들이 있어. 쥐는 몸무게가 가벼우니까 밟아도 폭발하지 않고, 사람보다 50배나 빠른 속도로 찾을 수 있거든.
- 하루라도 빨리 모든 사람이 안심하고 살 수 있는 세상이 되면 좋겠어요.

## 아프리카 주머니쥐의 비밀

**분포: 중앙아프리카**

꼬리를 포함하면 몸길이가 1m를 넘는다. 성격이 온순하고, 사람을 잘 따른다. 수명은 6~8년.

**궁금해요 01**

# 타조 마스크 개발자 쓰카모토 박사님을 만나다!

### ▪ 어릴 때는 어떻게 지냈나요?

학교 수업을 자주 빼먹고, 잉꼬나 문조랑 매일 놀았어요. 특히 병아리에게 먹이를 주고 돌봐주는 것을 잘했지요. 산에서 장수풍뎅이와 사슴벌레를 잡거나, 개천에서 개구리나 가재 찾는 것도 좋아했어요.

### ▪ 지금 일을 시작한 계기는 무엇인가요?

초등학생 때 아꼈던 문조를 실수로 밟아서 죽인 적이 있어요. 그 일을 계기로 수의사가 되기로 마음먹었어요.

어느 날 타조를 치료하면서 생명력이 매우 강한 새라는 사실을 알게 되었어요. '타조의 강한 생명력의 비밀은 대체 무엇일까?' 궁금해서 연구에 빠져들었는데, 타조의 항체가 매우 뛰어나다는 사실을 발견했어요.

### ▪ 어린이들에게 한 말씀 부탁드립니다!

길을 걷다 보면 다양한 생물을 만나게 되지요. 아래를 봐도 위를 봐도 곤충, 새, 나무, 꽃이 눈에 들어올 거예요. 그런 점에서 지구는 굉장히 재미있어요. 더 많은 동물과 식물을 관찰해보세요. 이 책을 읽는 친구들이라면 굉장한 발견을 할 거라고 믿어요.

# 2장
# 의료·식품

# 투구게가
## 인류의
## 구원자라고?!

- 배움아, 내 얘기 좀 들어봐.
- 뭔데?
- 할아버지가 일본 시코쿠 여행 기념품으로 캐릭터 열쇠고리를 선물해주셨거든. 이 캐릭터 이름이 카부짱이래. 일본어 '카부'는 순무라고 하던데 전혀 안 닮았잖아? 카부토무시인 장수풍뎅이랑도 거리가 멀어 보이고 말이야.

  할아버지한테 여쭤보니까, '그건 투구게란다'라고 하시는 거야. 궁금해서 도감에서 찾아봤더니, 게랑 비슷하게 생겼지만 길쭉한 팔다리가 없었어. 정체가 뭘까?
- 수수께끼의 생물이군. 선생님, 투구게는 어떤 생물이에요?
- 투구게는 프라이팬을 뒤집은 것처럼 생긴 생물인데, 갯벌이나

### 무엇이 고마울까?

● 약의 안전성을 확인할 수 있게 해준다.

이름이 비슷한 투구새우도 있어. 투구새우는 논에 살고 몸길이는 3~4cm 정도야.

바다에 살아. 게라고 불리지만 사실은 거미나 전갈과 친척 사이지. 그리고 카부짱은 일본 에히메현 사이조시를 대표하는 캐릭터야.

🙍 아하! 이름도 생김새도 개성 넘치는 생물이에요.

👵 투구게는 또 한 가지 재미있는 특징이 있단다. 놀랍게도 피가 파란색이야.

🙎 선생님 저 그거 알아요. 맛있는 피잖아요. 파란색 피니까 '이온음료 맛' 아니겠어요!

🙍 또 노잼 개그야.

◆ **파란색은 구리색?**

투구게 피는 몸속에서는 불투명한 흰색이에요. 공기와 닿으면 산소와 반응하여 파란색으로 변하는데, 핏속에 섞인 구리 성분 때문이에요. 한편 사람 피가 빨간색인 이유는 철 성분이 포함되었기 때문이랍니다.

🧑 하하하. 사실 파란색 피는 우리 생활에 많은 도움을 준단다. 투구게 피는 우리 몸에 해로운 세균과 아주 조금이라도 닿으면 젤리처럼 굳어. 이 성질을 이용하면 투구게의 피로 약물의 안전성을 확인하는 검사용 약품(LAL 시약)을 만들 수 있지.

👧 투구게는 피를 뽑혀도 괜찮아요?

🧑 힘들지 않을 만큼만 최대한 조심해서 피를 빼고 다시 바다로 돌려보내줘. 어떤 투구게는 죽거나 알을 못 낳게 되기도 하지만, 대부분 몇 개월 지나면 원래 상태로 회복해.

👦 그럼 안심이에요.

◆ 살아 있는 화석

투구게는 약 2억 년 전의 모습이 거의 그대로 남아 있어서 '살아 있는 화석'이라고 불러요.
• 투구새우(약 2억 년 전)
• 바퀴벌레(약 3억 년 전)
• 실러캔스(약 3억 년 전)도 살아 있는 화석 친구들.

## 투구게의 안쪽 모습

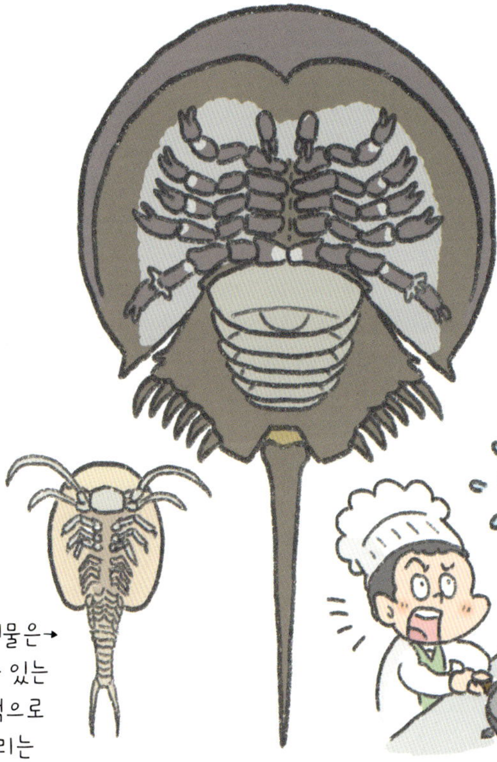

일본에서는 천연기념물로 지정되어 보호받지만, 동남아시아에서는 요리 재료로 사용되지요!

이 생물은 → 살아 있는 화석으로 불리는 투구새우

## 투구게의 비밀

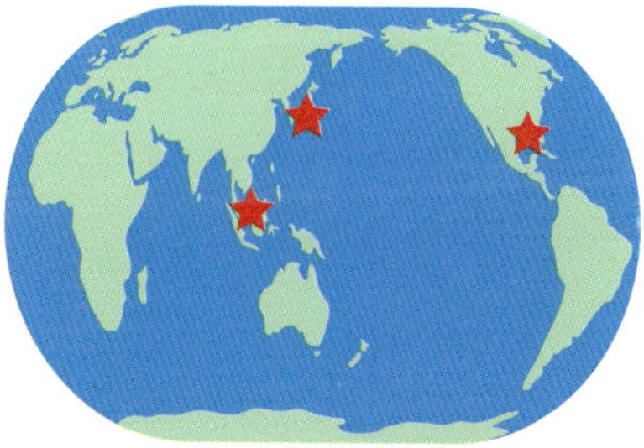

**분포: 동남아시아, 미국**

수컷보다 암컷이 크고, 몸길이는 50~60cm 정도이다(꼬리 길이 30cm 포함). 수명은 20~25년. 매립과 수질 오염, 마구잡이 포획 등으로 숫자가 줄어들고 있다.

# 모기
## 덕분에 발명된 아프지 않은 바늘

- 배움아 뭐하니?
- 친구랑 바다낚시 하러 갈 거라서 준비물 챙기고 있어요. 선생님도 같이 가실래요?
- 그럼 나도 함께 가볼까. 큰 물고기를 잡아보자.
- 야호! 그런데요 선생님, 낚시용품점에 갔더니 끝에 작은 가시가 붙어 있는 바늘이 있었어요. 보통 바늘이랑 뭐가 다른가요?
- 그건 미늘 바늘이야. 거스러미처럼 생긴 가시를 미늘이라고 하는데, 미늘 바늘은 한 번 물고기 입을 뚫으면 웬만해서는 빠지지 않아. 꿀벌의 독침도 똑같은 모양이란다.
- 아하! 꿀벌 침은 천적을 무찌르는 무기라서 찔렀다가 쉽게 빠지면 안 되니까 그렇게 생겼나 봐요. 아무튼 생물의 생김새는 저

### 무엇이 고마울까?

● 별로 아프지 않아서 마음의 부담도 가벼워진다.

쪽쪽

피를 빨아 먹는 모기는 알을 낳기 전인 암컷 모기야. 영양을 보충해야 하거든. 평소에는 수컷 모기처럼 꽃꿀이나 식물즙, 과일즙을 빨아 먹고 살아.

마다 이유가 있다니까요.

맞아. 그러면 벌침과 마찬가지로 찌르는 모기침은 어떻게 생겼을 것 같니?

모기는 몰래 피를 빨아 먹으니까⋯.
어라? 어떻게 생겼어요?!

빨대 모양의 주둥이 주변에 스테이크 칼처럼 예리하고 삐죽삐죽한 톱니가 붙어 있어.

모기 입은 엄청나게 가늘어서 찔려도 피부로 느껴지는 자극이 아주 희미하지. 게다가 아픈 감각이 마비되는 성

◆ 이것이 미늘 바늘!

분까지 사용하기 때문에 우리가 눈치채지 못하는 사이에 피를 빨아 먹을 수 있는 거야.

그런 비밀이 있었다니 놀라워요. 모기침처럼 생긴 주삿바늘이 있으면 좋겠어요! 왜냐면 쥐도 새도 모르게 주사 맞기가 끝나버릴 테니까요!

배움이가 좋은 아이디어를 냈구나. 주사용은 아니지만 피를 뽑을 때 사용하는 흡인용 바늘에는 이미 사용되고 있어.

진짜요?!

'핀닉스 라이트'라는 바늘인데, 그중 가장 얇은 바늘의 굵기는 0.4mm야. 일반 주삿바늘의 굵기가 0.8mm 정도니까 얼마나 미세한 주사인지 알 수 있겠지?

이 바늘은 찔러도 별로 아프지 않아서 당뇨병처럼 하루에도 몇 번씩 혈액 검사를 해야 하는 질병을 앓는 환자들의 부담을 덜어 주었어.

지금은 새로운 바늘을 개발하는 연구도 진행되고 있다고 하니, 좋은 결과가 나와 세상에 널리 쓰이게 되면 더 많은 사람을 도울 수 있을 거야.

◆ 왜 가려울까?

모기는 피를 빨기 전에 침이나 혈액이 굳지 않게 하는 성분, 아픔을 잠시 못 느끼게 하는 성분 등을 몸속에 집어넣어요(말라리아나 뎅기열과 같은 질병 바이러스가 섞여 있는 경우도 있어요). 이러한 외부 물질을 우리 몸의 면역체계가 알아차리고 반응하면서 가려워지는 거예요.

아픔을 느끼는 부분을 자극하지 않는다.

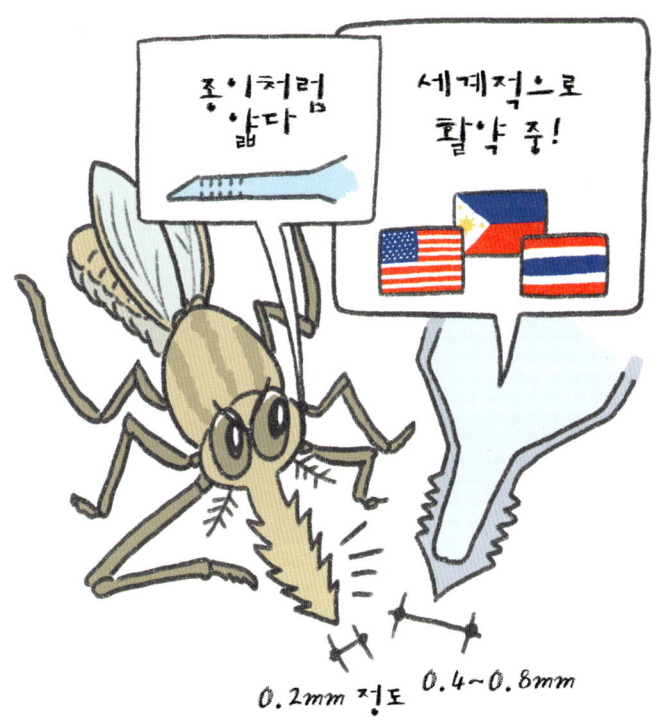

- ❖ 식물 소재를 사용해서 안심돼요.
- ❖ 상처가 작아서 피가 빨리 멈춰요.

### 분포: 지구상의 거의 모든 곳

약 3,500종류의 모기가 산다. 땀을 흘리거나 체온이 높은 사람에게 몰려든다. 오래된 타이어나 양동이 안쪽처럼 물이 고인 곳에 알을 낳는다.

# 사향 고양이의 똥 커피를 마셔보뚱 ♪

- 와 엄청 좋은 냄새가 나요! 선생님 뭐 드세요?
- 루왁 커피라는 인도네시아 커피야.
- 프로레슬러 이름 같아요! 처음 들어보는 커피다!
- 좋아, 그럼 지금부터 퀴즈를 낼 테니 하나라도 정답을 말하면 이 커피를 맛보여줄게.
  자, 첫 번째 문제. 이 커피는 어떤 동물과 관련이 있습니다. 어떤 동물일까요? 힌트는 커피의 이름과 관련이 있습니다.
- 정답! 루왁!
- 단순하긴. 루왁이라는 동물 본 적 있니? 혹시… 인도네시아에 사는 코모도왕도마뱀 아닐까?
- 배움이 정답! 루왁은 인도네시아어로 말레이사향고양이야.

### 무엇이 고마울까?

● 향이 좋고 맛있는 커피를 만들 수 있다 (루왁 커피).

이름은 고양이지만, 흰코사향고양이처럼 사향고양이과에 속한다는 사실!

그럼 두 번째 문제. 사향고양이는 커피 말고도 어떤 물건의 원료를 만들어냅니다. 대체 무엇일까요? 힌트는 멋쟁이들이 쓰는 물건입니다.

- 좋은 향기가 나는 커피니까 향수 아닐까요?
- 배움이 또 정답! 사향고양이 엉덩이의 향낭(분비샘)에서 영묘향이라는 분비물을 채취할 수 있어. 아주 좋은 향기가 나기 때문에 클레오파트라도 피부에 발랐다고 해. 그리고 영묘향은 한방약으로도 많이 쓰여.

이번엔 마지막 문제. 루왁 커피는 사향고양이의 어떤 것에서 커피콩을 채집하여 만듭니다. 사향고양이의 무엇일까요? 미래야 힘내!

- 끙~ 뭐지….
- 미래야 왜 그렇게 끙끙거려. 혹시 똥 마려워?
- 완전 진지하게 생각하는 중이니까 방해하지 말아 줄래.
- 맞아, **정답은 똥!** 배움이 대단한걸. 전부 정답이야!
- 뭐라고요! 저는 똥 안 마실래요. 둘이서 자꾸 놀리기만 하고. 집에 갈래요. 흥!
- 진짜 맛있는 커피인데….
- 미래한테 편식하면 안 된다고 따끔하게 한마디 해주세요, 선생님.

### ◆ 루왁 커피가 만들어지기까지

루왁 커피는 사향고양이의 배 속에서 커피콩이 발효 과정을 거치면서 과일 향과 비슷한 아주 좋은 향기가 나게 돼요. 한 잔에 몇만 원이 넘는 비싼 루왁 커피도 있어요.

① 잘 익은 커피 열매를 사향 고양이가 먹는다.
② 일부가 소화되지 않고 똥으로 배출된다.
③ 똥에서 콩을 골라내서 커피로 즐긴다.

## 종류도 여러 가지! 동물 커피

다람쥐 똥에서 골라낸 콩으로 만드는
**콘삭 커피(베트남)**

코끼리 똥에서 골라낸 콩으로 만드는
**블랙 아이보리 커피(태국)**

원숭이가 뱉은 콩으로 만드는
**몽키 커피(인도, 대만 등)**

## 말레이사향고양이의 비밀

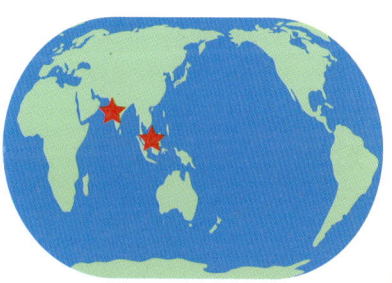

**분포: 동남아시아, 인도 등**

주로 숲에 살고, 몸길이는 50~60cm이다. 야행성이라서 낮에는 나무나 바위 틈에서 쉰다. 수명은 10년 정도. 과일, 곤충, 작은 동물 등 뭐든지 잘 먹는다.

# 암 치료제 연구의 희망
# 벌거숭이 두더지쥐

- 조롱박먼지벌레, 이십팔점박이무당벌레, 붉은쏨벵이….
- 미래야 뭘 중얼중얼하고 있어?
- 선생님이 신기한 생물 이름을 가르쳐주셨는데, 나중에 인터넷으로 찾아보려고. 잊어버리지 않도록 적어놓는 중이야.
- 아, 나도 아는 이름 하나 있어! 귀요미♡미래
- 그런 이상한 이름 알고 싶지 않아….
- 얘들아 안녕?
- 선, 선생님!! 저도 신기한 생물 이름 가르쳐주세요!
- 어디 보자…. 벌거숭이두더지쥐는 어떠니?
- 벌거숭이라고요? 엄청 부끄러운 이름인데요?
- 더 엄청난 사실이 많단다. 예를 들면 놀라운 장수 유전자를 가

## 무엇이 고마울까?

- 건강한 몸으로 오래 살 수 있는 미래가 올지도 모른다.
- 암 치료에 도움이 되는 새로운 약이 개발될 수 있다.

온몸에 털이 없어서 벌거숭이라는 이름이 붙었어! 두더지랑은 아무 관련이 없지롱.

졌다는 점. 쥐과 동물은 보통 2~3년이면 죽는데, 벌거숭이두더지쥐는 30년도 넘게 살아.

그뿐만이 아니야. 인간을 포함한 동물 대부분은 나이를 먹을수록 노화 현상으로 힘을 잃지만, 벌거숭이두더지쥐는 늙지도 아프지도 않아. 거의 평생을 인간으로 치면 20대 건강 상태를 유지하며 살아갈 수 있어.

🙂 신비한 동물이네요. 대단한 비결이 있나요?

🧓 일반 쥐나 인간보다 분자량이 5배나 큰 히알루론산을 갖고 있기 때문일 거라는 의견이 있어. 벌거숭이두더지쥐는 이 물질 덕분에 암에도 걸리지 않아.

😮 불사신 대마왕 같아요. 정말 엄청나요!

🧓 그 밖에도 젊음을 유지하는 탁월한 능력을 갖추고 있어서 전 세계의 연구팀이 비밀을 알아내려고 노력하고 있지. 2016년에는 미우라 쿄코 교수의 연구팀이 <u>벌거숭이두더지쥐의 피부로 유도만능줄기세포(iPS세포)를 만드는 실험</u>을 세계에서 처음으로 성공했어. 이 실험의 결과는 앞으로 iPS세포를 활용한 암 치료를 더욱 안전한 방향으로 발전시킬 수 있을 거라고 기대를 모으고 있어.

👧 연구가 착착 진행되어서 모두 건강하게 오래 살고, 암을 완벽하게 정복하는 시대가 빨리 오면 좋겠어요.

### ◆ 유도만능줄기세포(iPS세포)는 무엇일까?

iPS세포는 인공적으로 만든 만능 세포예요. 다 자란 iPS세포를 이용해서 다양한 세포를 만들 수 있기 때문에, 병에 걸리거나 다쳤을 때 상처를 입은 내장과 피부에 이식하면 회복할 수 있어요. 보통은 쥐나 인간의 세포를 바탕으로 만들지요. 교토대학의 야마나카 신야 교수는 2006년에 세계 최초로 iPS세포를 만들어냈고, 이 연구 결과를 인정받아 2012년에 노벨생리의학상을 받았어요.

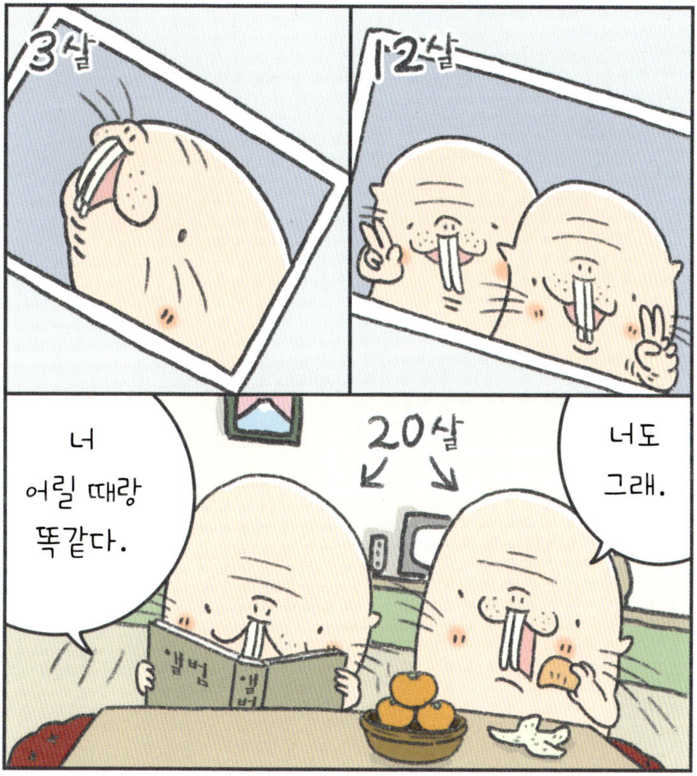

## 벌거숭이두더지쥐의 비밀

**분포: 아프리카(소말리아, 케냐, 에티오피아)**

땅을 파서 만든 수 km나 되는 긴 터널 속에서 수십~300마리 정도의 무리를 이루어 생활한다. 몸길이는 12cm(그중 꼬리는 3cm), 몸무게는 50g 정도. 눈은 거의 보이지 않는다.

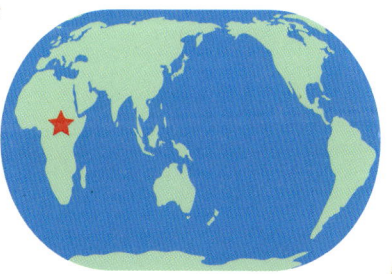

# 투구꽃의 독으로 병이 낫는다고?

- 약 이야기를 했으니, 이번에는 독 이야기를 해볼까? 독이 있는 생물이라면 뭐가 떠오르니?
- 복어랑 전갈이요!
- 저는 개구리요. 남아메리카 정글에 사는 강렬한 색깔의 개구리들은 독을 가진 경우가 많아요. 파란색 개구리도 있고, 무늬가 있기도 하고 정말 화려해요!
- 선명하게 눈에 띄는 몸 빛깔을 경고색이라고 한단다. '나한테는 독이 있으니, 잡아먹으면 무사하지 못할 거야'라고 주변에 경고하는 거야.
  콜롬비아 고유종인 황금독화살개구리는 스치기만 해도 사람이 죽을 정도로 강한 독을 품고 있어. 원주민인 엔베라족 사람들은

### 무엇이 고마울까?

- 독을 사냥 무기로 활용해서 도움이 되었다.
- 독을 가공해서 몸을 회복시키는 약으로 사용했다.

일본에서는 30종류 이상의 투구꽃을 발견할 수 있어!

화살촉이나 창끝에 이 개구리의 독을 발라서 사냥했대.

헐, 그런 개구리를 만나면 집으로 빨리 개구리 점프~!

일본에서도 홋카이도 원주민 아이누족이 투구꽃 뿌리에 있는 독을 화살에 발라서 사냥 무기로 썼어. 투구꽃의 독 역시 몸속에 조금만 들어가도 사람이나 동물의 목숨을 뺏을 만큼 강력한 독성이 있지.

독을 무조건 두려워하지 않고 이롭게 활용했다니 정말 용감해요.

투구꽃의 독은 실제로 옛날부터 약재로도 사용되었어.

오잉?! 독인데 약으로 썼다니… 세상에 이럴 수가?

그대로 사용하면 위험하니 독성을 어느 정도 줄인 다음 약으로 사용해. 약재로 쓰이는 투구꽃의 독은 부자라고 불리는데, 몸을 따뜻하게 해주고 아픔을 멎게 해주는 효과가 있어.

독을 약으로 사용하는 경우가 또 있을까요?

옛날에는 나팔꽃 씨앗도 몸속 나쁜 것을 똥으로 내보내게 하는 약으로 먹었어. 흑축이라는 이름의 효과 좋은 약재였고 사람들에게 많이 도움이 되었지.

위험하지 않은 독이라고 해도, 먹을 때 좀 무서울 것 같아요.

◆ 독개구리 종류

| 황금독화살개구리 | 코발트독화살개구리 | 딸기독화살개구리 |
| --- | --- | --- |
|  |  |  |

독개구리들은 모두 아름다운 몸 색깔을 뽐내요. 야생에서 사는 독개구리에게는 독이 있지만, 새끼일 때부터 사람 손에 길러진 개구리는 독이 없다고 해요.

## 옛날 이야기 『부자』

어느 날 집주인이 '이 항아리 속에는 냄새를 맡기만 해도 죽는 투구꽃 독약 부자가 들었으니, 절대로 열어 보면 안 된다'라고 신신당부를 한 뒤 외출했어요. 그런데 하필 그때 심부름을 하러 갔던 하인 두 명이 돌아와 영문도 모르는 채로 항아리 뚜껑을 열었더니,

안에 든 것은
독약은커녕 둘이 먹다
하나 죽어도 모를 달콤한 설탕. 두 사람은 눈 깜짝할 새에 설탕을 남김없이 핥아 먹었어요.
들켜서 크게 혼날 것이 무서워진 두 사람은 집주인이 애지중지하는 족자를 찢은 다음, '죽음으로 용서를 빌고자 항아리 속의 독을 먹었다'라고 변명을 했다고 해요.

## 투구꽃의 비밀

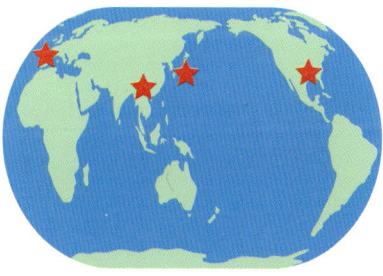

**분포: 일본, 아시아, 유럽, 미국 등**

보라, 분홍, 하양 등 예쁜 색깔의 꽃이 핀다. 꽃의 아름다움을 즐기려고 관상용으로 인기가 높다. 뿌리, 꽃(꽃가루), 줄기, 잎 등에 모두 독이 있다.

# 화상을 치료하는
# 틸라피아 반창고

### 무엇이 고마울까?

- 피부에 자극 없이 잘 달라붙는다.
- 반창고를 여러 번 교체하지 않아도 괜찮아서 몸에 부담이 적다.
- 저렴하게 구할 수 있다.

- 너희들 틸라피아라는 물고기 알고 있니?
- 커피 맛이 나는 이탈리아 케이크요?
- 그건 티라미수 케이크야. 틸라피아는 아프리카나 서아시아 지역의 하천에 사는 30cm 정도 크기의 민물고기인데, 껍질에 콜라겐이 가득하단다.
- 콜라겐이라면 엄마가 피부에 좋다고 자주 말씀하셨어요.
- 맞아. 브라질에서는 틸라피아 껍질을 반창고처럼 붙여서 화상을 치료하는 방법이 시험적으로 이루어지고 있어.
  틸라피아의 콜라겐은 사람 피부에 자극 없이 잘 달라붙고, 화상 치료에 필요한 성분과 수분이 풍부해서 새살이 빨리 돋아날 수 있거든. 거즈나 연고를 사용하는 일반적인 치료 방법보다 교체 횟수가 적기 때문에 편하기도 하지. 게다가 가격도 저렴하단다.
  미국에서 큰 산불이 났을 때 심각한 화상을 입은 큰곰이 발견되었는데, 틸라피아 반창고 덕분에 무사히 회복했어.
- 우와~! 사람만이 아니라 곰한테도 도움이 되다니!
- 지금은 더 뛰어난 제품을 만들기 위한 연구가 계속 진행되고 있어.

## 나일틸라피아의 비밀

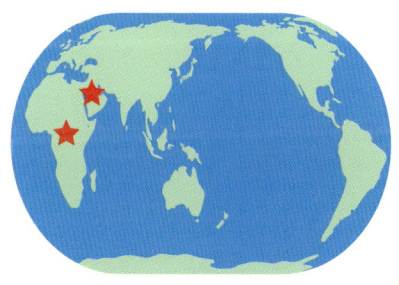

**분포: 아프리카, 서아시아**

매우 맛있는 요리 재료라서 세계 각국으로 퍼졌다. 잡식성 어류로 식욕이 왕성하고 성격은 공격적이다.

# 붙였다 떼었다
# 도마뱀붙이 테이프

### 무엇이 고마울까?

- 어떤 장소든지 강하게 달라붙지만 떼어내기 쉽다.
- 떼어낼 때 흔적이 남지 않는다.

🧒 저거 뭐야! 처음 보는 생물이 천장에 달라붙어 있어!

👵 어디 보자~ 저건 **도마뱀붙이**란다. 일본에서는 야모리라고 불리는데, 집을 지켜주는 존재라는 뜻이야. 수호신이라 생각하며 옛날부터 소중히 여겼다고 해.

도마뱀붙이 발바닥에는 약 50만 개나 되는 털이 있고,* 털끝은 또다시 100~1,000개 정도의 미세한 갈래로 나뉘어. 발바닥에서는 어떤 접착 물질도 나오지 않지만, 아주 가까운 물체가 서로를 잡아당기는 **판데르발스 힘**이 수십억 개의 미세 털과 벽면 사이에 작용하면서 강한 접착력이 생겨. 그 덕분에 도마뱀붙이는 천장이든 벽이든 젖었든 울퉁불퉁하든 자유자재로 돌아다닐 수 있는 거야.

◆ **판데르발스 힘**

사물과 사물이 한없이 가까워지면(약 0.5nm 이하의 거리: 머리카락 굵기 10만분의 1 정도) 서로를 끌어당기는 힘이 생겨요. 네덜란드 물리학자 판데르발스가 발견했어요.

- 자기 몸을 매달 만큼 강력한 힘으로 달라붙는데 걸어 다닐 때는 휘리릭 떼어지다니 정말 신기하네요.
- 2000년 이후 전 세계에서 도마뱀붙이의 신비한 특징을 모방한 도마뱀붙이 테이프를 앞다투어 개발했어. 일본의 닛토덴코회사가 닛토우게코라는 상품을 만들어서 주로 연구 분야에 이용하고 있지. 도마뱀붙이 테이프는 의료, 우주 분야에서도 활약이 기대될 만큼 가능성이 무궁무진해. 지금 이 순간에도 연구가 계속되고 있단다.

*도마뱀붙이의 종류나 털을 세는 방법에 따라서 발바닥 털의 개수가 달라져요. 이론에 따르면 발바닥에 약 600만 개의 털이 자란 토케이도마뱀붙이 한 마리가 네 발로 견딜 수 있는 무게는 무려 130kg이나 된다고 해요.

## 도마뱀붙이의 비밀

**분포: 한국, 일본 등**

파충류. 꼬리를 포함한 몸길이는 10cm 정도이며, 야행성 동물로 도시의 아파트에도 나타나 모기나 거미 등을 잡아먹는다. 생김새가 비슷한 영원(도롱뇽의 일종)은 개구리와 같은 양서류이다.

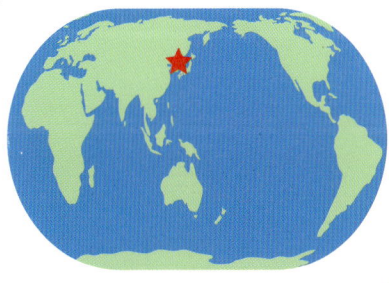

# 물속에서도 달라붙기 선수! 홍합 접착제

### 무엇이 고마울까?

- 물에 강하다(수술 등을 할 때 몸속에 생긴 상처를 틀어막을 수 있다).

- 선생님 어젯밤 태풍 뉴스 보셨어요? 엄청나게 큰 파도가 방파제를 넘어서 도로를 덮치는 장면이 나왔어요.
- 맞아, 정말 무섭게 밀려오더구나. 농가에 사는 사람들이나 어부들에게 굉장히 힘든 시간이었을 거야.
- 얼마 전에 선생님이랑 낚시 갔을 때 바위에 조개가 잔뜩 달라붙었잖아요. 조개는 파도에 떠내려가지 않나요?
- 그러네! 조개는 어떻게 바위에 딱 달라붙었지?
- 조개마다 방법이 다르단다. 예를 들어 홍합은 족사라는 실을 많이 뽑아서 자기 몸을 꽉 매달아 놓지.
  족사 표면은 도파(DOPA)라는 끈적이는 물질로 뒤덮여서 대부분 물건에 잘 붙어. 젖었어도 상관없지. 사람이 떼어내려고 아무리 힘을 쏟아도 꼼짝하지 않는다니까.
- 그런 강력한 특징은 연구자들이 가만두지 않았을 것 같은데요!
- 맞아. 홍합의 특징을 본뜬 물에 강하고, 수술할 때 몸속에 생긴 상처를 틀어막을 수 있는 접착제가 2013년에 미국에서 개발되었어. 현재 실용화를 위해 전 세계에서 연구하고 있지.
- 우와. 저랑 미래도 홍합 접착제로 딱 붙여주세요.

## 홍합의 비밀

**분포: 세계 각지**

선박 아래에 달라붙어서 이동하는 방식으로 원산지(지중해 등)에서 세계 구석구석으로 퍼져나갔을 것으로 추측된다. 크기는 10cm 정도이며, 섭조개라고도 불린다.

# 스트레스를 줄여주는 사슴 약

### 무엇이 고마울까?

- 스트레스를 줄여주거나 피곤함을 덜어준다.

🧑 약간 배가 아프다….

👩 괜찮아? 약 먹을래?

🧑 약이라… 약은 뭐로 만들까?

👵 좋은 질문이구나. 약에는 유럽이나 미국에서 발달한 서양의학의 양약과 한국, 중국, 일본에서 발달한 동양의학의 한약이 있어. 양약은 화학물질, 한약은 동물이나 식물처럼 자연에서 얻은 재료(생약)를 조합해서 만들지.

🧑 동물이라면… 판다, 알파카가 약이 되는 거예요?

👵 예를 들면 녹용이라는 생약은 붉은사슴이나 꽃사슴의 뿔로 만들어. 스트레스를 줄여주고, 피곤함을 없애주는 효과가 있어.

👩 식물로 만든 약은요?

👵 온주밀감 껍질은 감기약으로 쓰이고, 알로에 잎에서 짜낸 즙은 화상 치료제로 옛날부터 사용되었지.

🧑 알로에가 약이 되었으니까 약로에!

👩 ….

🧑 어라?! 약이라서 미래가 쓴웃음을….

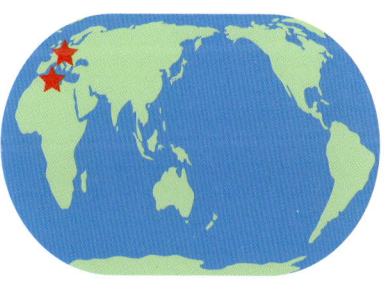

붉은사슴의 비밀

**분포: 유럽, 튀니지(아프리카) 등**
몸길이는 2m 정도로 가장 큰 사슴 종류에 속한다. 와피티사슴과 생김새가 비슷하지만 다른 종류이다.

# 여러 가지 물건으로 변신! 칡

### 무엇이 고마울까?

- 맛있는 간식이 된다.
- 옛날에는 요리나 옷감의 재료로 쓰였다(지금은 감기약으로 사용된다).

- 🧓 오늘은 너희를 위해서 맛있는 간식을 가져왔단다.
- 👦 앗싸! 저는 붕어빵 먹을래요.
- 👧 나는 찹쌀떡! …선생님 여기 쿠즈모찌라고 적힌 건 뭐예요?
- 🧓 칡뿌리 전분으로 만든 일본 간사이 지방의 전통 과자야. 이름은 똑

같이 쿠즈모찌지만 간토 지방에서는 밀가루 전분을 사용하고, 오키나와에서는 고구마 전분으로 만들어.

- 일본어 '쿠즈'는 다른 사람을 쓸모없다고 조롱할 때 쓰는 말 아니에요? 괴롭힘 당하는 듯한 느낌이 들어서 안타까워요.
- 칡이 일본에서는 쿠즈(현재의 나라현 요시노초)라는 지역에서 자라던 식물이었기 때문에 그런 이름이 붙었다고 해. 옛날에는 칡을 녹말가루 대신 요리에 사용하거나, 칡덩굴로 옷을 짜 입었어. 뿌리를 말려서 만든 칡차나 갈근탕은 몸을 따뜻하게 데우는 효과가 있어서 지금도 감기약으로 마시지.
- 칡의 다양한 활약 덕분에 우리가 행복하게 생활하고 있네요. 고마운 마음을 담아 앞으로는 '천재'라는 이름으로 부르면서 칭찬해줄래요.

> 칡은 무서운 기세로 자라면서 가지를 뻗쳐요. 일본은 식물을 많이 심어서 초록 환경을 만들려고 1930년 무렵에 미국에서 칡을 들여왔어요. 지금은 다른 식물들이 잘 자라지 못할 만큼 너무 많이 불어나서 골치 아픈 존재가 되었어요.

## 칡의 비밀

**분포: 한국, 중국, 필리핀 등**

땅의 성질과 상관없이 어디에서든지 잘 자라고, 전체 길이는 10m를 넘는다. 땅속에 1.5m 정도의 굵은 뿌리를 내리고, 여름에는 하루에 30cm씩 덩굴이 뻗어 나갈 만큼 강한 생명력을 가졌다.

# 곰팡이는 맛있는 음식을 만드는 요리 고수

### 무엇이 고마울까?

- 된장이나 간장 등을 만들어준다
  (단맛, 감칠맛, 향이 생긴다).

🧒 미래야, 있잖아….

👧 왜 그래, 무슨 일 있어?

🧒 얼마 전에 학교 급식에서 빵이 나왔잖아. 나중에 토끼한테 주려고 책상 서랍에 넣어뒀더니 곰팡이가 생겼더라. 이거 좀 봐!

꺅! 빨리 버려! 버리라고!

무슨 일이니?

선생님, 배움이가 곰팡이 핀 빵을 보여줬어요!

배움아 음식은 소중히 아껴야지.

빵이니까 빵성할게요.

그런데 너희 음식을 만들거나 더 맛있게 만들어주는 좋은 곰팡이도 있다는 거 알고 있니?

세상에 그런 곰팡이가 있어요?!

누룩곰팡이 얘기를 해줄게. 누룩곰팡이를 쌀이나 밀가루, 콩 등에 넣으면 단맛, 감칠맛, 향이 생기면서 된장, 간장, 식초, 청주 등이 만들어진단다. 일본의 가츠오부시(가다랑어로 만든 일본의 가공식품)도 누룩곰팡이 덕분에 생긴 거야. 세계 3대 치즈라고 불리는 프랑스의 블루치즈에도 푸른곰팡이라는 곰팡이가 사용된단다.

아하! 앞으로 무조건 나쁜 곰팡이라고 생각하지 말아야겠어요.

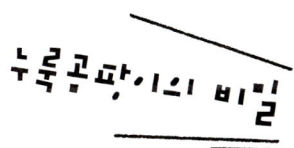

누룩곰팡이의 비밀

포자 크기는 3~10μm 정도(0.003~0.01mm). 누룩곰팡이, 간장국균, 백국균은 2006년에 일본에서 나라를 대표하는 균으로 인정받았다.

# 고추냉이는 몸을 지켜주는 보디가드

### 무엇이 고마울까?

- 식중독을 일으키는 세균이나 곰팡이로부터 몸을 지켜준다.
- 꽃가루 알레르기의 고통을 줄여주고, 혈관 속 피가 잘 흐르게 해준다.

- 배움아 너 고추냉이 먹을 수 있어? 나는 매워서 잘 못 먹거든.
- 매운 걸 못 먹다니 아직 아기네. 에헴! 나는 고추냉이를 듬뿍 바른 생선 초밥을 이렇게 한입에 삼켜도 아무렇지 않…제에취!
- 허풍쟁이, 너도 못 먹잖아! 선생님처럼 좀 의젓한 모습을 보일

수는 없는 거니. 맞죠, 선생님.

….

어, 선생님 눈에서 눈물이 흐르는데요?

이런, 실망하게 해서 미안. 나도 고추냉이는 맵단다. 하지만 코가 찡하게 울리는 매운맛이야말로 고추냉이의 대단한 점이야. 고추냉이를 갈면 아릴겨자유라는 성분이 나오는데, 식중독 O-157균이나 대장균이 증식하지 않도록 하는 힘이 있어. 이 성질을 이용해서 개발된 항균 시트와 항곰팡이제가 우리를 식중독에 걸리지 않도록 지켜주지.

그리고 고추냉이에는 꽃가루 알레르기 증상을 가볍게 만들고, 혈관 속 피의 흐름을 좋게 해주는 효과도 있다는 사실이 연구를 통해서 밝혀졌어.

맵기만 한 줄 알았더니, 다시 봐야겠는데요.

참고로 일본에서 생선 초밥에 고추냉이를 넣기 시작한 것은 에도시대 후기(1804~1830년 무렵)라고 해.

으윽, 너무 대단하고 너무 매워서 눈물이 멈추지 않아요!

## 고추냉이의 비밀

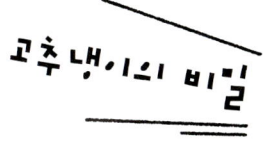

**분포: 일본 전국(주로 시즈오카현, 나가노현)**

고추냉이에는 수온이 15도 전후로 거의 일정하며 깨끗한 물이 풍부한 곳에서 기른 '물고추냉이'와 밭(여름에는 시원한 곳, 겨울에는 산속처럼 따뜻한 곳)에서 키운 '밭고추냉이'가 있다.

# 보존은 너한테 맡긴다!
# 마가목

### 무엇이 고마울까?

- 음식이나 화장품을 오래 보존할 수 있다 (곰팡이나 세균을 막는다).

🧒 선생님. 이 나무는 체리처럼 빨간 열매가 주렁주렁 달려서 너무 예뻐요!

👩‍🦳 **마가목**이라는 나무야. 일본 홋카이도에 가면 가로수로 많이 볼 수 있는데, 가을에 탐스럽게 익은 빨간 열매가 열려. 이 나무의 열매는 잎이 말라서 떨어지고 눈이 내려도 썩지 않고 봄까지 나뭇가지에 매달려 있지.

🧒 마가목은 굉장히 굳센 나무네요. 그런데 왜 열매가 안 썩어요?

👩‍🦳 열매에 든 소르빈산 성분이 **열매를 썩히는 곰팡이와 세균 활동을 억제하기** 때문이야. 이런 특징을 살려서 소르빈산은 **식품이나 화장품을 오래 보존하기 위한 방부제로 사용**되고 있단다.

🧒 …어? 오늘은 배움이가 안 보이네요. 무슨 일 있는 걸까요?

👩‍🦳 배움이는 저쪽 방에서 숙제하고 있던데.

👦 힝~ 숙제가 끝나질 않아!

🧒 모처럼 선생님께서 재미있는 이야기 해주셨는데 숙제만 하다니. 언제까지 해야 하는데? 내가 도와줄까?

👦 마… 마가목 열매, 가는 시간도 막아줘!

## 마가목의 비밀

**분포: 한국, 일본 등**

장미의 종류. 봄에는 하얗고 작은 꽃이 나무 한가득 피고, 10m 정도까지 자란다. 5mm 정도 크기의 열매는 음식을 구하기 힘든 겨울 동안 새들의 소중한 식량이 된다.

# 혓바닥이 파랗게 변하지 않는 착색료
# 스피룰리나

## 무엇이 고마울까?

- 음식을 먹음직스럽게 보이도록 한다.
- 혓바닥이 파랗게 변하지 않는다.
- 식물에서 얻은 착색료라서 안심할 수 있다.

🧑 여름은 역시 빙수의 계절!

👦 소다 맛 빙수 진짜 맛있다! 그런데 미래 너는 왜 안 먹어?

👧 나는 혓바닥이 파랗게 물드는 게 싫어서 안 먹을래.

👦 그건 합성 착색료로 만든 시럽 때문이야. 내가 비장의 무기로 해

결해주지. 나와랏… 스피룰리나색소!

(설명 요정 등장! 스피룰리나색소는 남조류의 일종인 스피룰리나의 피코시아닌색소를 이용해서 만든 식물성 착색료랍니다.)

- 어머 신기해! 이 시럽은 혓바닥이 안 파래지네!
- 으하하! 스피룰리나는 색깔도 예쁘게 만들고, 영양도 풍부하고, 소화도 잘 돼서 영양제처럼 가공 제품으로 만들기도 하니까 인류에게 도움을 주는 존재라고 할 수 있지. 미래 우주 식량으로 NASA도 주목하고 있어.

  미래야 비밀 하나 알려줄게, 너만 알고 있어. 사실은 나 스피룰리나별에서 날아온 왕자야. 흐린 회색 하늘도 짜잔~ 이렇게 파랗게 만들 수 있지롱.
- 하늘이 예쁜 파란색으로 변했어! 배움아 너 정말 백마 탄 왕자님이었구나. 완전 멋져!
- 으헤헤… 어라 꿈이잖아. 시험 보던 중이었는데 깜빡 졸아버렸네…. 으악 5분밖에 안 남았다고! 내 얼굴색 완전 스피룰리나색!!!

## 스피룰리나의 비밀

**분포: 아프리카, 중남미 호수**

약 30억 년 전(지구에 처음으로 생물이 나타났을 무렵)에 태어난 생물(조류). 크기는 대략 0.3~0.5mm이다. 호수에 사는 홍학(플라밍고)이 즐겨 먹는다.

## 궁금해요 02

## 세계의 바다를 떠도는 미세플라스틱

**여** 러분은 미세플라스틱을 알고 있나요? 강과 바다에 버려진 페트병 혹은 과자봉지와 같은 플라스틱 쓰레기가 햇빛과 비바람을 맞아 쪼개지고, 찢어져서 5mm보다 더 작은 알갱이로 변한 것을 말해요.

석유로 만드는 플라스틱은 아무리 오랜 시간이 지나도 자연적으로 분해되지 않아요. 강이나 바닷속을 떠돌면서 해로운 물질이 달라붙기도 하지요. 이런 미세플라스틱을 물고기나 조개 등 여러 동물이 먹이로 착각해서 덥석 잡아먹어요.

미세플라스틱을 삼킨 물고기나 조개는 갈매기와 바다표범의 먹이가 될 수도 있고, 여러분의 점심 도시락과 저녁 반찬으로 나타날 수도 있어요.

해마다 전 세계에서 800만 톤이나 되는 플라스틱 쓰레기가 바다에 버려져요. 우리 인간을 포함하여 지구상의 모든 생물이 마음 놓고 안전하게 살아가기 위해서 '물건을 아끼며 오래 사용하기', '일회용 빨대나 비닐봉지 사용하지 않기'처럼 무리하지 않고도 할 수 있는 일을 찾아보고 실천해보길 바라요.

# 3장 생활

# 농가의 훌륭한 도우미 무당벌레

- 앗, 장수풍뎅이다!
- 배움이는 곤충을 좋아하니?
- 네, 사슴벌레랑 사마귀처럼 강해 보이는 멋진 곤충이 좋아요!
- 저는 곤충이라고 해야 하나, 아무튼 벌레라면 다 싫어요. 얼마 전에 정성을 다해서 가꾸던 마당의 꽃을 송충이가 모조리 갉아 먹어서 더 싫어졌어요.
- 그것 참 속상했겠구나. 하지만 인간 생활에 이로워서 익충이라고 불리는 곤충도 있어.

예를 들면 무당벌레도 익충이야. 야채나 과일 농사를 망치는 진딧물을 잡아먹지. 실제로 무당벌레의 힘을 빌려 농사를 짓는 농장도 있어.

## 무엇이 고마울까?

- 안전한 농작물을 재배할 수 있다(다른 생물에게 영향도 없다).

> 농약을 사용하려던 밭에서 구조된 무당벌레가 지금은 농가의 일손을 돕고 있어.

- 해로운 곤충은 농약으로 한 번에 퇴치하면 쉬운데, 왜 무당벌레를 써요?
- 농약은 힘든 농사일의 부담을 덜어주긴 하지만, 농약을 뿌린 농산물이 건강에 나쁜 영향을 미칠까봐 걱정되기도 하고, 해충을 잡으려다가 농사와 관계없는 다른 생물들까지 죽게 될 수도 있거든.
- 아하, 그럴 수도 있겠네요. 그런데 무당벌레가 사람 말을 잘 따르나요? 배부르게 먹으면 어딘가로 휭 날아갈 것 같아요.
- 맞아. 그래서 무당벌레가 날아가지 않게 하는 방법을 일본의 시미즈 도시오 선생이 학생들과 함께 끈기를 발휘해서 연구했어. 마침내 2018년 날지 않는 무당벌레가 탄생했지. 날지 않는 무당벌레는 날개 부분에 나무의 진을 떨어뜨려서 날갯짓을 못 하게

붙잡아 두기 때문에 멀리 이동할 수 없어.

🧒 자유롭게 움직일 수 없다니 좀 불쌍한데요.

👩 나뭇진은 2개월 정도 지나면 저절로 사라져서 괜찮아. 그 후에는 어디든지 날아갈 수 있으니 걱정하지 않아도 된단다(다 자란 무당벌레의 수명은 최대 1년 이상).

생물을 이용한 농업 방법 중에는 오리에게 논의 잡초나 벼에 달라붙은 해충을 먹게 하는 오리 농법도 있어. 트랙터와 같은 농기계가 없던 시대(1955~1965년 무렵)에는 소나 말에게 써레와 쟁기라는 도구를 짊어지게 해서 논과 밭을 갈았지.

🧒 알게 모르게 곤충과 동물의 도움을 많이 받고 있었네요.

◆ 이것이 써레!

◆ **익충 친구들**
- 누에(명주실을 짜낸다)
- 꿀벌(꿀을 만든다) 등

반대로 사람에게 해를 끼치는 곤충을 해충이라고 불러요.
- 메뚜기(벼를 먹어 치운다)
- 거염벌레(양배추를 먹어 치운다) 등

"그물로 막는다."

"수공예 작업에 쓰이는 글루건이라는 도구랍니다."

날지 않는 무당벌레로 변신!

녹아서 뜨거워진 나무의 진이 나온다

"날개 안쪽에 공간이 있어서 몸으로 열이 전달되지 않기 때문에 뜨겁지 않아요!"

무당벌레 농법은...

이런 농작물에 효과가 있어요!

★ 목적을 달성하면 자연으로 돌아가기 때문에 무당벌레와 농부, 환경에 두루두루 이로운 기술이에요.

## 무당벌레의 비밀

**분포: 한국, 일본, 대만, 중국 등**

가장 많이 볼 수 있는 일반적인 무당벌레. 검은색 등에 빨간색 점이 두 개 있는 무당벌레, 오렌지색 등에 작고 검은 점이 있는 무당벌레처럼 무늬는 가지각색이다.

# 피부 촉촉
# 머릿결 찰랑찰랑
# 동백기름

일본 에도시대의 2대 쇼군 도쿠가와 히데타다는 동백을 아주 좋아해서 성안에 많이 심었다고 해.

- 배움아!
- 왜? 무슨 일이야?
- 오늘 나 뭔가 다르지 않아? 맞혀봐.
- 음…. 알았다, 평소보다 피곤해 보여!
- 너무해! 집에 갈래!
- 오호라 오늘 미래 머릿결이 반질반질 빛나는 비단 같은걸.
- 맞아요. 엄마께 받은 동백기름을 발랐어요.
- 동백은 꽃 아니야? 꽃에서 기름이 나온다고?
- 콩기름이나 유채기름, 옥수수기름처럼 식물에서 얻는 기름은 종류가 많단다.

  식물유는 요리 재료는 물론, 세제나 비누 등으로도 가공되고 있어.

## 무엇이 고마울까?

- 머리카락을 반질반질하게 해준다.
- 수분을 유지해준다(피부에도 좋다).

일본의 전통 씨름인 스모 선수들이 경기에 나갈 때 머리 모양이 흐트러지지 않도록 사용하는 머릿기름도 마찬가지야. 유채 기름에 납이나 향료 등을 섞어서 만들거든.

여러 식물에서 얻은 기름으로 이렇게 다양한 상품을 만들었다니. 전혀 몰랐어요.

동백기름은 옛날에도 사용했었나요?

샴푸가 없던 시절에는 머리를 자주 감을 수 없었어. 그래서 동백꽃으로 만든 동백기름을 참빗에 바른 뒤 머리를 빗어서 부스스한 머리카락을 정돈했다고 해.

동백기름은 보습력이 높아서 오랫동안 촉촉함이 유지되고, 우리 몸에도 있는 올레인산이 풍부해서 피부나 머리카락에 빠르게 스며들어.

🧒 피부에도 좋다니!

👵 동백기름은 지금도 식용유, 화장품과 연고의 재료, 나무 가구의 보존제나 광택제 등으로 사용되니, 사람들의 생활에 많은 도움을 준다고 할 수 있지. 일본에서 동백기름은 주로 이즈오섬이나 도시마섬 등 이즈제도, 고토열도에서 만들어져.

🧒 동백은 여기저기에서 눈부시게 활약하고 있었네요.

◆ **어디에서 기름을 짜낼까?**

동백기름은 동백나무의 씨앗을 짜서 만든다. 관상용 동백나무는 씨앗이 작아서 기름을 짜기 힘들다.

◆ **식물성 기름의 종류**
- 올리브유(올리브 열매)
    … 올리브 종류에 따라서 색과 향, 풍미가 다르다.
- 포도씨유(포도 씨앗)
    … 자극적이지 않고, 폴리페놀 등 영양소가 풍부하다.
- 팜유(기름야자의 열매)
    … 세계에서 가장 생산량이 많다. 연료 등으로도 사용된다.

## 일본에서 동백기름을 만드는 곳

**고토열도** — 나가사키에서 약 70km

**이즈제도** — 도쿄에서 약 120km

고토열도에는 후쿠에섬과 나카도오리섬을 비롯한 크고 작은 섬이 140개 이상 모여 있어!

## 동백나무의 비밀

**분포: 일본(홋카이도 이외 지역), 중국 등**

겨울에서 봄에 걸쳐서 5~7cm 정도 크기의 빨간 꽃이 핀다. 꽃이 떨어질 때는 꽃 전체가 뚝 떨어진다. 생김새가 비슷한 산다화는 꽃잎이 한 장씩 떨어진다.

# 어느 쪽이 진짜야?
# 페이크퍼

- 선생님, 야크는 무슨 동물이에요? 스웨터 상표에 '모(야크) 100%'라고 적혀 있었어요.
- 스웨터를 짤 수 있을 정도로 털이 복슬복슬한 동물 아닐까?
- 야크는 티베트의 높고 가파른 산(3,000m 이상)에 사는 동물인데, 소 종류에 속해. 두꺼운 털과 얇은 털이 이중으로 자라기 때문에 살을 에는 듯한 강추위 속에서도 몸을 따뜻하게 보호할 수 있어. 털로 제품을 만들 수 있는 동물은 양(울), 캐시미어 염소(캐시미어), 낙타, 알파카 등이 있단다.
- 우리가 겨울을 따뜻하게 보내고, 멋쟁이가 될 수 있었던 건 여러 동물이 털을 내어준 덕분이었어요.
- 그런데 한 가지 문제가 있어. 털이 길어지면 새로 자란 만큼만

## 무엇이 고마울까?

- 털과 가죽을 얻으려고 동물을 해치는 일이 줄어든다.

티베트에서는 장작을 구하기 어려워서 야크의 똥을 말려서 연료로 사용해!

깎으면 좋을 텐데, 너무 많은 털을 깎거나 털을 깎을 때 난폭하게 다뤄서 동물이 다치기도 해. 게다가 동물이 생명을 잃어도 아랑곳하지 않고 모피를 손에 넣고야 마는 사람들도 있어.
그래서 특히 이런 문제가 심각한 밍크, 여우, 앙고라염소 등의 털과 가죽은 사용하지 않겠다고 선언한 패션 브랜드도 꽤 있지.

- 상아 이야기(38쪽)가 떠올라요.
- 한편으로는 '사용하지 않기' 방식이 아니라 '비슷한 물건 만들기'

◆ **따뜻한 털을 가진 동물**
알파카(오른쪽)
캐시미어 염소(왼쪽)

로 문제를 해결하려는 사람들이 있어. 일본 와카야마현의 오카다직물회사가 만든 페이크퍼(에코퍼)가 그중 하나야.

페이크퍼는 화학섬유로 만들지만, 마치 동물의 털처럼 생겼고 매끄러운 촉감까지 비슷해. 화학섬유의 특징을 살려 진짜 동물 털에서는 볼 수 없는 개성적인 색과 무늬를 입힐 수도 있어서 전 세계에서 주문이 밀려든다고 해.

기술은 인간의 편리한 생활만을 위해서 발전한 줄 알았는데, 어려운 문제를 해결하거나 생물과 자연을 지킬 수도 있다니 감동적이에요.

◆ **양털은 꼭 깎아야 할까?**

양은 원래 자연스럽게 털갈이를 하는 동물이지만, 가축으로 키우는 양은 옷이나 직물을 만들기 위해서 털이 많이 자라도록 개량한 품종이에요. 내버려 두면 혼자 걷지 못할 정도로 털이 쑥쑥 자라기 때문에 주기적으로 사람이 깎아서 관리해줘야 해요.

감촉이 좋다.

일본 와카야마현의 오카다직물이 만든 페이크퍼

털이 잘 빠지지 않는다.

주름이 잘 생기지 않는다.

해외 유명 브랜드에서도 사용하고 있어!

야크의 비밀

**분포: 티베트, 카슈미르**

수컷은 몸길이 3m(몸무게는 1t), 암컷은 2m(350kg) 정도로 자란다. 소 종류로 '부우부우' 하고 운다. 대부분 가축으로 길러지고, 야생 야크는 세계에 1만 마리 정도밖에 없다.

# 벌레 퇴치에 효과가 있는 달마시안 제충국

- 선생님. 저희 아빠는 항상 '미래한테 나쁜 벌레가 꼬이지 말아야 할 텐데'라고 걱정하세요. 나쁜 벌레가 뭘까요?
- 모기나 파리 아닐까?
- 하하하. 나쁜 벌레라는 말은 불량한 친구라는 뜻으로도 통한단다. 모기나 파리가 아니야.
  그럼 오늘은 모기 퇴치와 관련된 이야기를 해보자꾸나. 모두 모기한테 물리기 싫지? 왜 싫으니?
- 가려우니까요!
- 저도요. 싫어할 이유가 또 있나요?
- 만약 배움이가 전염병에 걸렸는데, 그 피를 모기가 빨아 먹으면 무슨 일이 벌어질까?

## 무엇이 고마울까?

- 모기를 퇴치해준다(뎅기열, 말라리아, 지카바이러스 등 전염병에 걸리지 않도록 지켜준다).

말린 꽃이 모기향 효과의 비결이야!

🧒 설마 병균 바이러스를 가진 모기로 변신…?

👵 맞아. 그 모기가 미래 피도 빨아 먹으면…?

👧 저도 전염병에 걸리겠네요!

👵 대부분 나라에서는 그런 일이 거의 없지만 동남아시아, 남아시아, 아프리카, 중남미 지역에서는 말라리아처럼 생명을 위협할 만큼 심각한 전염병이 유행할 가능성이 여전히 높아. 그래서 이런 나라에서는 모기를 물리치는

◆ **모기는 병을 옮긴다?**

모기를 통해서 사람에서 사람으로 옮겨지는 병은 뎅기열, 말라리아, 지카바이러스 등의 질병이에요. 감기나 두통이 전염되지는 않는답니다.

대책을 매우 중요한 문제로 다루고 있지. 여러 방법 중 하나가 모기향이야.

혹시 모기향은 뭐로 만드는지 아는 사람? 힌트는 식물이야.

- 피망이나 당근이나 연근이나 토마토?
- 그건 모기가 아니라 네가 싫어하는 채소잖아. 선생님, 저는 예전에 들은 적이 있어요. 아마 달마시안제충국이라는 꽃이죠?
- 오호 미래가 잘 아는구나. 달마시안제충국에는 피레트린이라는 살충 효과 성분이 있어. 모기향은 이 꽃을 말린 뒤에 여러 재료와 섞어서 만들지.
- 우와 처음 알았어요!
- 모기향이 없었다면 여름마다 모기에 시달렸을 거예요.

◆ **왜 모기향은 소용돌이 모양일까?**

최근에는 피레트린 대신 피레스로이드라는 비슷한 화학물질이 살충 성분으로 많이 사용되고 있어요. 소용돌이 모양의 모기향은 일본 방충제 회사인 킨초의 창업자 우에야마 에이치로의 아이디어로 개발되었어요. 막대 모양의 모기향보다 더 오래 타고 효과가 강한 모기향을 만드는 방법을 고민했다고 해요.

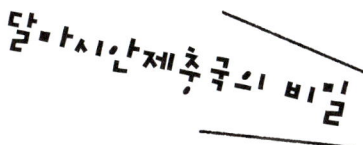

## 달마시안제충국의 비밀

**분포: 세계 각지(원산지는 지중해, 중앙아시아)**

제충국이라고도 불린다. 국화 종류이며 60cm 정도까지 자라고, 하얗고 작은 꽃이 초여름에 핀다.

# 청소기 먼지를 줄여주는
# 고양이 혓바닥

### 무엇이 고마울까?

- 먼지를 작게 뭉쳐줘서 먼지 버리는 횟수가 줄어든다.

🧑 지난 주말에 할머니 집에서 고양이랑 놀았는데 고양이가 핥을 때 혓바닥이 까끌까끌해서 깜짝 놀랐어!

👧 우리 집은 강아지 키우는데 손바닥 핥아도 그런 느낌 안 들던

데 신기하다. 선생님, 고양이 혀는 어떻게 생겼어요?

🧑‍🦳 고양이 혀는 표면에 사상유두라는 작고 뾰족뾰족한 돌기가 촘촘하게 돋아서 브러시처럼 생겼어. 고양이는 혓바닥으로 온몸을 핥아서 빠진 털을 골라내거나 더러운 걸 닦아.*

◆ 먼지 압축 날개

👩 고양이는 깨끗한 걸 좋아하는구나.

👦 털을 잔뜩 삼키면 배부르지 않을까요?

🧑‍🦳 삼킨 털은 나중에 털 뭉치로 뱉어낸단다. 사실은 고양이에게 힌트를 얻어서 개발된 청소기가 있어. 먼지통 속의 먼지 압축 날개 표면에 고양이 혓바닥처럼 작은 돌기를 만들었기 때문에 먼지가 더욱 똘똘 뭉쳐져. 덕분에 먼지통 비우는 횟수가 적어져서 편리하지.

👦 그 청소기를 처음 사용한 사람은 완전 놀랐겠어요. 고양이처럼 '이게 뭐다냥!?' 하고 외쳤을지도 몰라요.

*그루밍이라고 해요. 고양이는 하루 중 약 1/4의 시간을 그루밍에 집중한답니다.

고양이의 비밀

세상에는 다양한 종류의 고양이가 있다. 그중에서 도메스틱 쇼트헤어는 한국 야생에서 살아가는 종류이다. 털 길이는 짧고 털 색깔은 하얀색, 검은색, 황갈색이 대부분이다.

# 새 옷처럼 깨끗해지는
# 돌고래 세탁기

### 무엇이 고마울까?

- 심하게 찌든 때도 지울 수 있다.
- 양이 많아도 깨끗하게 빨 수 있다.
- 전기 요금을 절약할 수 있다.

🧒 선생님, 옛날 사람들은 나무판으로 빨래했대요.
👵 미래가 잘 아는구나. 옛날에는 빨래판이라는 나무판에 세탁물을 박박 비벼서 빨았어. 겨울에도 찬물에 손을 넣어 빨아야 하는 경우가 많았으니 고된 일이었지.

- 그런 점에서 처음부터 끝까지 자동으로 빨래하는 세탁기는 정말 대단한 발명이에요.
- 맞아. 세탁기 중에는 돌고래 세탁기도 있단다.
- 맙소사 그런 돌고래가 있을 리 없고래!?
- 돌고래는 꼬리지느러미를 약 0.7초마다 한 번씩 움직여서 바닷속을 적은 에너지로 빠르게 헤엄칠 수 있어.

돌고래의 움직임과 피부 모양을 세탁기 밑바닥의 빨래판인 펄세이터에 적용했더니* 강한 물살을 효율적으로 일으킬 수 있게 되었어. 덕분에 심하게 찌든 빨랫감은 물론, 한꺼번에 많은 양을 빨아도 말끔하게 세탁할 수 있지.

- 돌고래처럼 똑똑한 방법이네요!

◆ **이것이 펄세이터!**

펄세이터가 회전해서 물에 소용돌이를 만들고, 그 소용돌이가 빨래의 때를 지워요.

*펄세이터 표면에 돌고래 피부처럼 주름 모양을 만들어서, 물이 부드럽게 흐르도록 했어요(전기를 아껴 쓸 수 있어요).

## 돌고래의 비밀

**분포: 세계 각지**

돌고래 대부분은 바다에 살지만, 강돌고래(인도강돌고래, 아마존강돌고래 등)는 이름처럼 강에서 산다. 돌고래는 새우나 물고기 등을 먹는다.

# 젖은 머리를
# 빠르게 말려주는
# 칼새 헤어드라이어

### 무엇이 고마울까?

- 짧은 시간 안에 머리카락을 말릴 수 있다(소음도 적다).

- 배움아 너 지금 삐죽빼죽 새집 머리야. 왜 집에서 정리 안 하고 나왔어.
- 머리 감고 드라이어로 말리는 거 너무 귀찮고, 시간도 오래 걸리잖아. 내버려 두면 저절로 괜찮아져.
- 멋을 모르는 남자는 인기가 없을 텐데!
- 배움아 칼새 드라이어 사용해볼래?
- 칼새요? 처음 듣는 새예요!
- 칼새는 긴 날개를 자유롭게 움직이면서 시속 약 160km(최고 시속은 300km 이상)의 빠른 속도로 하늘을 나는 새란다. 하루 대부분을 하늘에서 보내고, 날아다니면서 먹이를 잡아먹고 잠도 자.
- 공부하면서 자는 건 저도 자신 있는데요….
- 칼새가 빠르게 날 수 있는 비결은 공기저항이 적은 날개 덕분이야. 이 드라이어는 팬을 칼새의 날개 모양으로 만들어서 공기저항을 낮추었기 때문에 더 많은 바람을 일으키지.* 그래서 빠르게 머리카락을 말릴 수 있다는 사실!
- 동물의 능력은 정말 대단해요.

*팬이 회전할 때 생기는 소음도 줄어들었다고 해요.

## 칼새의 비밀

**분포: 동남아시아 등**

몸길이는 약 20cm 정도지만, 날개는 몸의 2배 이상 크다. 몸이 비행하기에 알맞아서 땅으로는 거의 내려오지 않는다. 여름이 되면 우리나라에 찾아오는 철새다.

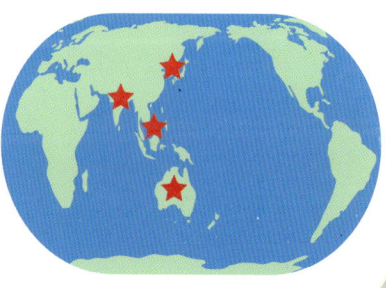

# 몸에 해롭지 않은 샴푸는  덕분

### 무엇이 고마울까?

- 예전에는 사람 대신 화장품 등의 안전성을 시험해주었다(지금은 동물 실험을 금지하자는 운동이 펼쳐지고 있다).

🙋 토끼는 너무 귀여워요. 개나 고양이처럼 우리 주변의 동물들에게서 더욱 편리한 생활을 위한 아이디어를 얻기도 했는데, 토끼는 아무것도 없나요?

👩‍🏫 미래는 샴푸로 머리를 감을 때 피부가 붓거나 컨디션이 나빠진 적 없니?

🙋 네? 그런 적은 없어요. 그런 일이 생길 수도 있나요?

👩‍🏫 샴푸나 화장품, 약처럼 우리가 평소에 사용하는 제품의 성분이 몸에 안전한지 조사할 때 사실 토끼나 기니피그 등의 동물들로 실험을 해. 피부에 문질러 바르거나, 눈에 넣어보는 방법으로 반응을 확인하는데, 너무 가혹한 방법이지.

🙋 아무 잘못도 없는 동물들이 대신 험한 일을 당하다니 나빠요!

👩‍🏫 선생님도 그렇게 생각한단다. 미래랑 같은 생각을 하는 사람들이 여러 나라에서 반대의 목소리를 높여서 유럽은 2013년 4월부터 동물 실험, 또는 실험에 사용된 성분이 든 화장품의 판매와 수입을 금지했어. 다른 제품에 대해서도 최근 같은 움직임이 나타나고 있단다.

🙋 사람도 동물도 나쁜 일을 겪지 않는 세상이 하루라도 빨리 찾아오면 좋겠어요.

**분포**: 세계 각지

토끼는 자기 똥을 먹기도 한다. 이것은 소장에서 아직 소화되지 못한 음식물의 영양분을 다시 섭취하기 위한 행동으로 알려졌다.

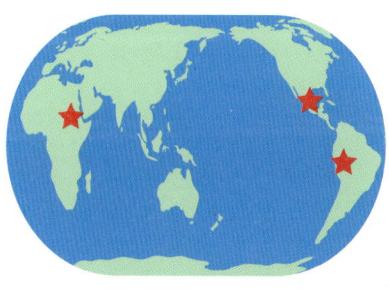

# 벨크로테이프의 힌트를 준 도꼬마리

### 무엇이 고마울까?

- 몇 번이든 간단하게 붙이고 뗄 수 있다(많은 힘이 필요하지 않다).

- 🧒 어라, 미래야. 등에 이상한 거 달라붙었는데?
- 👧 벌레야?! 으악, 빨리 떼 줘, 빨리!
- 👵 이건 도꼬마리구나. 열매에 갈고리 모양의 가시가 달린 식물이

야.*

- 갈고리 모양이요?
- 끄트머리 부분을 자세히 살펴볼래? 갈고리처럼 생겼지?
- 그래서 옷에 걸렸던 거구나!
- 오늘은 1940년 무렵에 있었던 발명 이야기를 들려줄게. 스위스에 살던 '조르주 드 메스트랄'이라는 기술자가 어느 날 강아지와 산책을 하다가 도꼬마리가 자기 옷과 강아지 털에 달라붙은 것을 발견했어. 현미경으로 관찰해보니 끝이 갈고리 모양이었지. 메스트랄은 그 모양에서 힌트를 얻어서 벨크로테이프의 선조격인 벨크로를 발명했어.

  당시에는 주변 사람들에게 전혀 인정받지 못했지만, 메스트랄은 포기하지 않고 단점을 개선하며 연구했어. 마침내 1960년대에 달 탐사를 위한 아폴로 프로젝트에서 우주복의 잠금장치로 채용되면서 전 세계로 퍼졌단다.
- 평범한 경험에서 대단한 발명을 이뤄냈네요. 무엇이든 궁금해하고 조사하는 태도가 정말 중요한 것 같아요.

*도꼬마리와 우엉의 열매처럼 잘 달라붙는 식물에는 도깨비바늘, 가막사리, 쇠무릎 등이 있어요.

도꼬마리의 비밀

열매 크기는 1cm, 가시는 1~2mm 정도이다.
일본의 토종 도꼬마리는 외래종인 큰도꼬마리가
너무 많이 증식한 탓에 멸종위기종으로 지정
되었다.

# 개 발바닥 덕분에 만든 데크슈즈

### 무엇이 고마울까?

- 젖은 장소에서도 미끄러지지 않는다(안전하게 이동할 수 있다).

🧒 오늘 선생님이 신고 오신 신발 너무 멋있어요.

👵 이건 데크슈즈라는 신발이란다. 데크슈즈는 원래 요트나 보트에 타는 사람들이 신었어. 젖은 갑판* 위에서 미끄러져 바다에

빠지지 않도록 밑창에 물을 흘려보내는 파도 모양의 홈이 파여 있단다.
- 진짜 그냥 신발이랑 밑창이 다르게 생겼어요!
- 데크슈즈는 미국인 폴 스페리가 반려견 프린스에게 아이디어를 얻어서 발명했어.
어느 겨울날 얼어붙은 길을 미끄러지지 않고 자유자재로 뛰어다니는 프린스가 신기해서 자세히 관찰했더니, 발바닥에 여러 방향으로 작은 홈이 많이 파였다는 사실을 알게 되었어.
선원이었던 스페리는 평소 쉽게 미끄러지지 않는 신발을 찾고 있던 터라 프린스의 발바닥을 보고 영감을 얻어 제품을 만들기 시작했고 1935년에 데크슈즈(스페리 솔)를 완성했지.
- 대단한 관찰력과 행동력이네요. 월!더풀!

◆ 왜 미끄러질까?

눈이나 얼음이 녹으면 신발 밑창과 지면 사이에 물막이 생겨요. 그러면 밑창의 마찰력이 줄어들면서 지면을 꽉 붙잡는 접지력도 약해져서 미끄러져요.

＊배의 마룻바닥. '데크'라고도 불러요.

오래전부터 일본에 살던 개를 일본견이라고 부른다. 일본견은 시바견, 아키타견, 기슈견, 시코쿠견(도사견), 카이견, 홋카이도견의 6종류가 있다. 10년 동안 시부야역 앞에서 세상을 떠난 주인이 돌아오길 기다린 충견 하치코는 아키타견이다.

# 등딱지가 아름다워!
# 바다거북 대모 공예

### 무엇이 고마울까?

- 매우 아름다운 대모 공예가 탄생했다
  (저마다 색깔과 모양이 다르다).

- 🧒 미래야 궁금한 게 있어. 우리 얼마 전 일본 문화 축제에서 벳코 사탕이라는 설탕엿을 봤잖아. 벳코가 뭘까?
- 👧 벳코는 대모라는 바다거북의 등껍질이야.
- 🧒 헐, 등껍질이 사탕 속에 들었어?

🧑 색깔이 비슷한 거야! 사탕 색깔이 대모색(황색)이랑 비슷하니까 그렇게 부르는 거지.

대모로 만든 대모 공예는 엄청 아름다워. 하나하나 색깔과 모양이 달라서 매우 귀중한 보물처럼 여겨지거든. 하지만 대모 공예를 위해 죄 없는 대모거북을 너무 많이 잡는 바람에 이제는 멸종이 걱정될 정도로 숫자가 줄어버렸대. 그래서 지금은 포획 금지* 동물로 정해졌어. 그러니까 너도 진지하게 생각하도록 해.

◆ **대모 공예**

대모로 만든 공예품에는 머리빗이나 비녀, 브로치, 안경테 등이 있어요.

🧑 미래는 정말 척척박사야. 혹시 천재 아냐~? 아니면 외계인!?
🧑 외계인이라니! 너랑 안 놀아!
🧑 배움아…. 미래에게 점수 따고 싶은 마음은 알겠는데, 이번에는 완전히 실패한 것 같구나.
🧑 흑흑. 선생님 오늘따라 왜 이리 늦게 오셨어요!

*현재 공예에 사용되는 대모는 워싱턴조약으로 국제적인 포획이 금지되기 전에 사냥한 것이에요.

## 대모거북의 비밀

**분포: 태평양, 대서양, 인도양 등**

다 자란 대모거북의 크기는 등딱지 길이가 80cm 정도, 몸무게는 90kg 정도이다. 산호초가 있는 따뜻한 바다에 살며 해파리나 해면 등을 먹는다.

# 피부에 좋은
# 천연 스펀지 해면

### 무엇이 고마울까?

- 감촉이 매우 부드럽다.
- 거품이 잘 난다.
- 피부에 자극적이지 않다.

🧓 **목욕할 때나 접시를 닦을 때 쓰는 스펀지는 어느 생물을 흉내 낸 거야. 어떤 생물인지 아니?**

👧 작은 구멍이 숭숭 뚫려 있는 생물이겠죠? 음~ 짐작도 못 하겠어요.

🧓 정답은 해면이야.

🧒 해면? 해면으로 뭐 해면 좋아요?

🧓 해면은 말미잘처럼 바다 밑바닥의 바위에 달라붙어 사는 동물이야. 화학섬유로 스펀지를 만들기 전까지는 해면이 스펀지로 사용되었지. 고대 로마의 기록에 등장할 정도로 옛날 옛적부터 존재했어. 그리스에는 할아버지부터 손자까지 몇 대에 걸쳐 해면을 캐는 집안도 있었는데, 그 시대의 잠수부는 목숨까지 걸어야 하는 힘든 일이었을 거야.*

◆ **양털과 비슷하다고?**
해면은 사람의 피부와 비슷한 아미노산으로 이루어져서 피부에 문질러도 자극적이지 않은 순한 재료예요. 부드러운 감촉 때문에 해외에서는 '울 스펀지'라는 별명으로 불리기도 해요.

🧒 화학섬유로 만든 스펀지랑 바닷속 해면이랑 뭐가 달라요?

🧓 해면은 감촉이 매우 부드럽고 거품이 풍성하게 생겨. 요즘에도 세수하거나 화장을 지울 때 많이 사용하는 인기 도구야.

*깊은 바다에 여러 번 잠수하기 때문에 잠수병에 걸릴 위험이 있었어요.

### 해면의 비밀

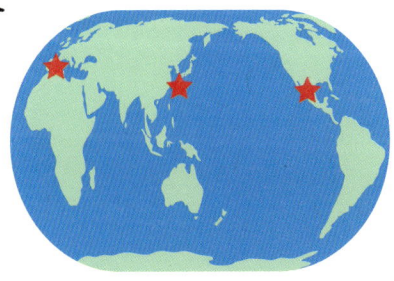

**분포: 지중해, 멕시코만 등**

해면은 세계에 7,000~10,000종류나 있다고 알려졌다. 스펀지로 사용되는 종류는 주로 목욕해면이다. 해면의 영어 이름은 스펀지(sponge)이다.

# 좋은 향기가 솔솔
# 향유고래 향수

### 무엇이 고마울까?

● 점잖고 고급스러운 향이 난다 (원료를 구하기 힘들다).

- 선생님 오늘 미래가 기운이 없어 보여요.
- 엄마 향수를 뿌리고 학교에 갔다가 담임선생님한테 혼났다고 하더구나.

- 향기가 너무 좋았단 말이에요.
- 그랬구나….
- 그럼 오늘은 향수 이야기를 해볼까. 향수의 좋은 향기는 무엇으로 만들 거 같니?
- 글쎄요…. 꽃 아닐까요?
- 정답! 식물이나 동물에게서 추출한 향,* 화학적으로 합성한 향 등 다양해. 그중에는 향유고래로 만든 향수도 있어.
- 고래라고요!? 비릿한 바다 짠 내가 날 것 같은데요.
- 정확히는 향유고래의 배 속에 생긴 결석이야. 매우 희귀한 재료인데, 이걸 처음 보았던 어느 중국인은 용의 침이 굳은 것이라고 믿었대. 그래서 용연향이라는 이름이 붙었지. 아주 오랜 옛날부터 사랑받았고, 차분하고 우아한 향이 특징이야.
- …갑자기 구린 냄새가 나요!!!
- 앗, 사실은 내가 방귀를 뿡… 아니 나도 방귀 향수를 뿌려봤어. 미안해!(긁적긁적)

*사향고양이(54쪽) 이야기를 읽어보세요.

## 향유고래의 비밀

**분포: 세계 각지**

다 자란 수컷은 몸길이 16m(5층 건물 정도 크기), 몸무게는 45t에 이르기도 한다. 깊은 바다에 살며, 3,000m의 깊이까지 잠수할 수 있다. 수명은 70년 정도.

# 메마른 피부를 보호해주는
# 멧돼지 크림

### 무엇이 고마울까?

- 끈적거리지 않고 피부에 잘 흡수된다.
- 수분을 유지하는 힘이 강하고, 매우 촉촉하다.

🙀 휴우…. 겨울이 되니 손이랑 피부가 거칠어져서 속상해요. 선생님 피부가 건조해지는 걸 막는 좋은 방법은 없을까요?

👵 나는 어느 동물 덕분에 만들어진 크림을 바르는데, 미래도 한번 써볼래?

🧑 어느 동물이에요? 하얀색 크림인데, 아무 냄새도 안 나고…. 대체 뭘까요?

👵 정답은 멧돼지야. 최근 멧돼지들이 농가에 내려와 마구잡이로 농작물을 망쳐서 해마다 큰 피해가 생기고 있어. 그래서 사냥꾼들이 정기적으로 멧돼지를 퇴치하고 있지.

🧑 조금 불쌍해요. 다 같이 사이좋게 어울려 살면 좋을 텐데.

👵 그럴 수 있다면 좋겠구나. 그런데 더 큰 문제는 퇴치당한 멧돼지의 목숨이 헛되이 버려진다는 사실이야.

해결을 위해 다양한 방법과 의견이 나왔는데, 그중 하나가 보습 크림이지. 원료인 멧돼지 기름은 피부에 잘 스며들기 때문에 끈적이지 않고, 수분을 머금는 힘이 강해서 아주 촉촉하단다.

🧒 선생님! 반성문 쓰느라 늦었어요. 죄송송송!

🧑 …선생님. 배움이한테 멧돼지 크림 바르면 피부처럼 성격도 평온해질까요?

👵 흐음, 나도 잘 모르겠구나….

## 멧돼지의 비밀

**분포: 아시아~유럽**

몸길이는 120~150cm이고, 몸무게는 덩치가 큰 멧돼지의 경우 150kg 가까이 된다. 대부분 겁이 많다. 달릴 때 속도는 시속 45km 정도로 빠르다. 뭐든지 잘 먹는 잡식성이다.

## 궁금해요 03
## 날지 않는 무당벌레 연구자 시미즈 선생님을 만나다!

### ▪ 어릴 때는 어떻게 지냈나요?

자연 속에서 노는 아이였어요. 산과 들을 이리저리 뛰어다니고, 덩굴 따기, 날다람쥐나 일본다람쥐 관찰하기, 미꾸라지나 우렁이나 메뚜기 잡아서 요리하기, 곤충 잡기, 물고기 잡기처럼 매일 콩닥콩닥한 재미가 가득했어요. 하지만 헬리콥터로 농약을 뿌리고 산의 나무를 베는 벌목 사업이 진행되면서 내가 보았던 많은 동물이 점점 사라졌어요.

### ▪ 지금 일을 시작한 계기는 무엇인가요?

농업 때문에 많은 생물이 희생된다는 사실을 알고 뭔가 해야겠다고 생각했어요. 그때 느낀 강한 마음이 지금의 일을 시작한 원동력이 되었지요. 농약의 힘에만 의지하지 않고, 본래 자연의 힘을 빌려서 농사를 짓는 방법을 떠올렸어요. 그래서 여러 고등학생, 대학생 친구들과 함께 팀을 꾸리고 날지 않는 무당벌레를 연구했어요.

### ▪ 어린이들에게 한 말씀 부탁드립니다!

세상의 많은 생물과 만나보길 바라요. 배울 것이 엄청 많아요. 직접 다양한 환경에 뛰어들어봐요! 그리고 자연의 위대함을 체험해보세요!

# 4장

# 공업

# 영양분도 되고 연료도 되는 연두벌레

🧒 선생님 드시는 음료 맛있어 보여요. 저희도 주세요!

👧 나… 나는 안 마실래.

🧒 왜? 배 아파?

👧 아니, 사향고양이 똥 커피처럼 이상한 음료수일지도 모르니까…. 초록색인 걸 보니, 야채 주스인가요?

👴 이건 야채가 아니라, 연두벌레야.

👧 연두벌레라면 현미경으로 관찰하는 그 생물이요?

👴 맞아. 어떤 연두벌레는 인간에게 필요한 대부분의 영양소를 가졌어. 소화도

◆ **연두벌레의 정체는?**

연두벌레는 동물처럼 움직일 수 있고, 식물처럼 광합성으로 에너지를 만들 수 있어요.

### 무엇이 고마울까?

- 영양이 풍부하고 소화도 잘된다.
- 지구에 무해한 미래 연료가 될 수도 있다.

벌레라고 불리지만, 사실 다시마나 미역처럼 해초 종류야.

잘되기 때문에 음료수, 음식, 영양제 등으로 만들어진단다. 그뿐만이 아니야. 일본 유글레나 회사에서는 연두벌레로 비행기를 날게 하고 버스를 달리게 하는 연구도 진행하고 있어.

음식도 되고, 연료도 되는 거예요?!

연두벌레는 햇빛이 없을 때는 몸에 쌓인 양분을 왁스에스텔이라는 기름으로 바꾼단다. 이 기름에 특별한 처리를 하면 연료로 변신하거든.

지금처럼 석유를 계속 사용하면 안 되나요?

석유는 한정되었고 지구온난화의 원인인 이산화탄소를 많이 배출해. 그리고 석유를 대신할 바이오 연료(사탕수수, 옥수수 등으로 만든 연료. 식물일 때 이산화탄소를 빨아들인 상태라서 태워도 이산화탄소의 양은 늘어나지 않는다)의 연구와 개발은 오래전부터 전 세계에서 이루어졌어.

하지만 사탕수수나 옥수수는 인간의 식량이기도 하니까 생산의 균형을 맞추기 어렵지. 연두벌레는 바이오 연료처럼 농지가 필요하지도 않고, 원래 식량이었던 것도 아니어서 에너지 문제의 새로운 해결사로 주목받게 되었어.

우리가 어른이 될 때쯤에는 연두벌레와 함께 사는 생활이 당연해질지도 모르겠네요.

무지 작은 연두벌레지만 무시할 수 없는 큰 존재가 된다는 건가!

◆ **지구온난화는 무엇일까?**

석유나 석탄을 태우면 많은 이산화탄소가 발생해요. 이산화탄소는 열을 가두는 효과가 있어서 지구를 뜨겁게 달궈요. 지구의 온도가 너무 높아지면, 많은 생물이 변화에 적응하지 못해서 사라지게 될 수도 있어요.
식물은 광합성을 통해 이산화탄소를 산소로 바꿔주기 때문에 지구와 모든 생물에게 중요한 존재예요.

# 연두벌레의 모든 것

- 영양이 풍부하다 (약 59종류).
- 소화가 잘된다.
- 해초 종류.

비타민, 미네랄, 아미노산 등.

- 몸속에서 기름을 만든다 (바이오 연료로 활용할 수 있다).

♪ 이산화탄소($CO_2$)가 늘어나지 않는다 ♪

석유  동물 사체 등  $CO_2$

바이오 연료  식물 등  $CO_2$  $CO_2$

식물이 자랄 때 $CO_2$를 흡수하기 때문에.

플러스 마이너스 0!

## 연두벌레의 비밀

**분포: 세계 각지**

5억 년 전에 태어났다. 전 세계에 100종류 이상의 연두벌레가 존재하고, 몸길이는 0.05~0.1mm(머리카락 굵기와 거의 비슷함), 폭은 0.01mm 정도이다. 유글레나라고 불리기도 한다.

# 겨울에도 안전한
# 북극곰 미끄럼방지 타이어

- 흐음~ 음~.
- 배움아 왜 그래? 이상한 소리까지 내고.
- 지금 지역 이름으로 개그를 열심히 생각하는 중이니까 지역 방송은 꺼줄래.
- 썰렁해….
- (띠용~) 선생님, 말장난할 때 삐끗하지 않는 방법 좀 알려주세요!
- 흐음 말장난은 모르겠지만 눈길이나 빙판길에서 미끄러지지 않는 방법이라면 알려줄 수 있지. 혹시 눈이 펑펑 내리는 날 달리는 자동차의 타이어를 본 적 있니?
- 음? 보통 타이어랑 다른가요?
- 겨울에는 미끄럼방지 타이어를 사용한단다. 타이어가 미끄러지는

### 무엇이 고마울까?

- 겨울철에 안심하고 도로를 달릴 수 있다.
- 승차감을 좋게 하고 달릴 때 나는 소음도 줄여준다.

일본 가고시마현에는 과일 토핑을 잔뜩 올린 북극곰 빙수가 있어!

원인은 물 때문인데, 물이 빠져나갈 수 있도록 타이어 표면에 여러 모양으로 세밀한 홈이 잔뜩 새겨져 있어.

개 발바닥을 보고 발명했다는 데크슈즈(112쪽) 같아요.

잘 기억하고 있구나, 미래야. 브리지스톤이라는 회사의 미끄럼방지 타이어는 발포 고무로 만들어서 세밀한 홈 이외에도 미세한 구멍이 많아. 이러한 장치들이 물길이 되어 미끄러지지 않도록 물을 제거해주지(131쪽 그림).

◆ **미끄럼방지 타이어**

(여름 타이어)

이 구멍은 눈이나 얼음 위를 자유롭게 걸어 다니는 북극곰을 보고 아이디어를 얻었다고 해.

데크슈즈는 개 발바닥의 울퉁불퉁한 표면처럼 파도 모양의 홈을 만들었죠. 미끄럼방지 타이어는 북극곰 발바닥의 표면을 구멍으로 흉내 낸 거군요. 둘 다 미끄럼방지를 위한 도전이었는데 완성된 발명품이 달랐다는 점이 재밌어요.

그런데 이렇게 작은 구멍을 어떻게 만들죠?

타이어에 공기 방울을 섞어서 만들어.

아하! 타이어 표면에 닿은 공기 방울이 오목한 구멍으로 바뀐 거예요? 와, 감탄이 절로 나와요.

공기 방울은 도로면을 꽉 붙잡거나, 승차감을 좋게 하거나, 달릴 때 생기는 소음을 막아서 편안함을 주는 효과에도 한몫하고 있어.

대단해요! 일석사조잖아요!

### ◆ 북극곰은 어떤 동물일까?

백곰으로도 불리지만 정식 이름은 북극곰이에요. 백곰이라는 별명은 일본에서 지어졌어요. 일본 최초의 동물원인 우에노동물원이 개장했을 때 북극곰 대신 온몸이 하얀색인 알비노*반달가슴곰을 전시하고 '백곰'이라고 불렀다고 해요. 이후에 이 이름이 계속 전해지게 되었어요.

*알비노는 백색증이라고도 불려요. 선천적 멜라닌 색소 결핍 장애로 피부와 털의 색이 하얀색으로 태어나요.

## 북극곰 타이어의 무늬

구멍이 바글바글

물
얼음
도로

## 북극곰의 비밀

**분포: 북극권(캐나다, 미국의 알래스카주 등)**

몸길이는 3m 정도이고 몸무게는 500kg이 넘기도 하는 지상 최대의 육식동물로 알려졌다. 다른 곰(큰곰 등)보다 코와 목이 길다. 1년 중 대부분을 얼음 위에서 지낸다.

# 배좀벌레조개는 터널 공사 전문가

- 선생님, 예전부터 궁금한 게 있었는데요.
- 그게 뭘까?
- 지하 터널은 대체 어떻게 파는 거예요? 거대한 동그라미 모양의 구멍을 깔끔하게 뚫는 기술이 너무 대단한 것 같아요.
- 터널은 실드머신이라는 기계로 판단다. 앞쪽에 달린 커터로 땅을 깎고, 깎여서 쌓인 흙은 컨베이어벨트에 실어서 밖으로 꺼내고, 콘크리트로 블록을 짜 맞추며 벽을 만들지. 1시간에 3~5m 정도의 빠르기로 작업을 진행해. 재미있는 사실은 실드머신이 배좀벌레조개를 참고해서 만들어진 기계라는 거야.
- 배좀벌레조개? 처음 들어봐요. 구멍을 파니까 두더지처럼 생겼나요?

## 무엇이 고마울까?

● 안전하게 터널을 팔 수 있다.

머리 부분에만 조개껍데기가 붙어 있고, 뒤쪽은 노출되어 있어. 조개이긴 하지만 모시조개나 백합조개랑은 완전히 다르게 생겼지.

배좀벌레조개는 몸길이가 30cm 정도 되는 생물인데, 꼭 지렁이처럼 생겼어. 조개와 친척이라고 할 수 있고, 물에 떠다니는 유목이나 젖은 말뚝 같은 곳에서 살지. 한자로 쓰면 선식충(船食虫)이야. 나무로 만든 배를 갉아 먹어서 이런 이름이 붙었다고 해.

◆ 실드머신
지름 2~3m의 작은 기계부터 10m 이상인 기계까지 종류가 다양해요.

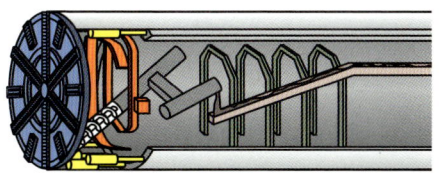

- 우와, 굉장히 인상적인 외모예요.
- 배좀벌레조개도 실드머신처럼 머리에 달린 조개껍데기로 구멍을 파고, 석회 가루가 섞인 체액을 벽에 덧발라서 튼튼하게 만들어. 이런 방식은 외부의 압력을 받아도 구멍이 무너지지 않고 자기 자신을 보호하는 지혜라고 할 수 있겠지.

  배좀벌레조개의 구멍 파기를 처음으로 흉내 낸 사람은 영국의 기술자 마크 브루넬이야. 실드공법이라는 실드머신의 기초가 된 공사 방법을 생각해냈어. 그 기술로 1843년 런던에 세계 최초의 물 밑 터널인 템스터널을 만들었어. 다만 과정 대부분을 사람 손으로 직접 해내야 했기 때문에 전체 약 400m의 길이를 파기까지 18년이나 걸렸어.
- 18년이요!? 의지의 사나이…!
- 무슨 얘기가 그렇게 재밌나요? 저도 껴주세요.
- 오랫동안 공들이면 저도 미래에게 사랑받을 수 있을까요….

◆ **실드공법은 왜 생겨났을까?**

실드공법이 등장하기 전까지는 터널 공사를 하다가 뚫어놓은 구멍이 무너지는 바람에 목숨을 잃는 사람이 많았어요. 그래서 안전한 방법을 고민하다가 철로 만든 사각 모양의 받침대로 옆 벽을 지탱하며 구멍을 뚫고 나아가는 실드 공법을 떠올리게 되었어요. 실드머신을 만든 사람은 영국의 제임스 헨리 그레이트헤드라는 사람이에요.

# 실드공법

- 벽돌
- 잭(작은 기중기)
- 실드(철제 받침대)

## 배좀벌레조개의 비밀

**분포: 세계 각지**

얕은 바다를 떠다니는 나무 등에 산다. 머리끝에 달린 조개껍데기로 집 구멍을 만들고, 구멍을 파면서 나온 나무 톱밥을 먹는다. 비슷한 방식으로 살아가는 생물 중에는 나무속살이조개 등이 있다.

# 바람을 가르며 달려라!
# 물총새 & 올빼미 고속열차

- 🙂 배움아 무슨 책을 그렇게 열심히 보니?
- 🙂 이거? 일본의 고속열차 신칸센에 대한 도감이야.
- 🙂 신칸센은 종류가 여러 가지더라. 네가 제일 좋아하는 신칸센은 뭐야?
- 🙂 당연히 500계 신칸센이지! 멋있잖아.
- 🙂 와 정말 빨라 보인다. 그런데 왜 이렇게 길고 뾰족하게 생겼을까?
- 👴 그건 안전하게 빠른 속도를 내기 위해서란다.
- 🙂 선생님 어서 오세요!
- 👴 500계 신칸센은 시속 300km 이상으로 달리도록 개발되었지만, 속도를 올리려고 하면 공기가 커다란 벽처럼 막아서 쉽지 않았어. 그래서 공기 벽을 가를 수 있는 모양의 기차가 필요해졌지. 게다가

## 무엇이 고마울까?

- 소음을 줄이면서 속도를 높일 수 있다 (전기 절약 효과도 있다).

◆ 500계 신칸센

열차는 마을 옆을 지나고 터널도 통과하기 때문에 소음까지 신경 써야 했어. 공기 저항과 소음 문제를 동시에 해결하기 위한 다양한 아이디어가 모였는데, 그중 최선의 방법이 물총새 부리처럼 뾰족한 모양이었던 거야.

- 물총새는 텔레비전이랑 책에서 자주 봤어요. 털빛이 예쁜 새예요.
- 물총새는 빠르게 물속으로 뛰어들어 물고기를 사냥하는데, 수면을 통과할 때 충격을 줄이는 비결이 바로 뾰족한 부리 모양이야.

◆ '쾅!' 터널을 뒤흔드는 굉음

신칸센이 빠른 속도로 터널에 들어서면 공기가 꽉 눌리게 되고 폭발하듯이 밀려나면서 출구에서 '쾅!' 하는 커다란 소리가 나요. 충격음을 작게 만들기 위해서는(압축되는 공기를 줄이는 방법) 공기 저항이 적은 뾰족한 모양이 필요했어요.

500계 신칸센은 앞부분을 물총새의 부리 모양으로 만들어서(기차의 단면도 원형) 달릴 때의 공기 저항을 30%, 사용하는 전기량을 15% 줄일 수 있었어.

그 밖에 열차로 전기를 끌어들이는 장치인 팬터그래프도 큰 소리가 나는 부분 중 하나여서 새로운 해결책이 필요했어. 사실은 여기에서도 어떤 새가 힌트를 주었는데, 맞혀볼까?

- …따오기? 매?
- 정답은 올빼미. 500계 신칸센의 팬터그래프는 옆면에 올빼미의 날개처럼 울퉁불퉁한 돌기를 달았어. 이 돌기 덕분에 공기와 부딪히면서 생기는 소용돌이가 작아졌고, 소음이 30%나 줄어들었지.
- 엄청 날쌔게 날아다니는 새일 줄 알았는데, 의외네요!

◆ **올빼미의 팬터그래프**

올빼미 날개깃의 가장자리에는 세레이션(serration)이라는 톱날처럼 삐죽삐죽한 깃털이 붙어 있어요. 이 독특한 구조 덕분에 공기 흐름이 안정되고 바람을 가르는 소리가 사라져서 올빼미는 은밀하게 먹잇감 옆으로 다가갈 수 있지요.
(올빼미를 참고해서 만든 날렵한 모양의 팬터그래프도 효과적으로 공기 저항을 줄일 수 있어요.)

## 물총새&올빼미의 비밀

**물총새 분포: 일본~동남아시아~유럽**
몸길이는 17cm 정도. 날개 색이 매우 아름답다.

**올빼미 분포: 세계 각지**
종류(눈 색깔: 노랑, 검정, 오렌지)에 따라 활동하는 시간대가 다르다.

# 가볍고 튼튼한 벌집 구조

### 무엇이 고마울까?

- 적은 재료로 튼튼하게 만들 수 있다.
- 추위와 더위, 소음에 강하다.

🧑 미래야 좋아해!

👩 …아무 때나 고백하지 말아 줄래. 가벼운 남자는 매력 빵점이야!

👴 하하 가벼워서 더 좋은 것도 있단다. 예를 들면 신칸센이나 비

행기는 가벼울수록 속도를 더 빠르게 낼 수 있고, 전기나 연료를 절약할 수도 있으니 말이야. 너희는 물체를 가볍게 만드는 방법은 뭐라고 생각하니?

글쎄요. 쓸데없는 부분을 모조리 깎아내면 어떨까요? 벽이나 바닥을 얇게 만들 수도 있고요?

배움이 정답!

진짜요?! 깎아내고 얇게 만들면 쉽게 부서질 것 같은데요?

그것도 맞는 말이야. 그래서 튼튼함을 유지하면서도 가벼워야 해. 두 가지를 모두 해낼 수 있는 비법은 벌집의 육각형 모양을 모방한 벌집 구조란다. 벌집 구조를 사용하면 같은 강도의 철판을 10분의 1 재료만으로 만들 수 있어.

재료가 적은 만큼 가벼워지겠네요!

벌집 구조는 소리나 추위, 더위가 잘 전달되지 않는 특징도 있어서 방음 재료나 햇볕 차단막 등에 쓰여.

◆ **벌집 구조**

벌집은 영어로 허니콤(honeycomb)이라고 해요. 벌이 최소한의 재료로 최대한 넓고 튼튼한 방을 만들 수 있는 형태랍니다.

## 벌의 비밀

꿀벌이나 말벌 등은 한 마리의 여왕벌과 수백 수천 마리의 수벌, 수만 마리의 일벌(암컷)이 모여 살며, 공격적인 성격이다. 한편 어리호박벌, 배벌 등은 혼자 지내며 성격이 온순하다.

# 자동차를 안정시키는
# 청새치

### 무엇이 고마울까?

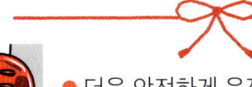
- 더욱 안전하게 운전할 수 있다.
- 연료가 적게 든다.
- 바람에 부딪히는 소리가 작아진다.

🧒 어라? 선생님! 차에 뿔처럼 생긴 부품이 붙어 있어요.

👨 이건 자동차를 안정적으로 달리게 하는 에어로 핀(보텍스 제너레이터)이야. 청새치에게서 힌트를 얻어서 만들어진 부품이지.*

🙂 그러고 보니 위에서 바라본 물고기처럼 생겼어요.

👵 자동차가 달리면 뒤쪽의 공기층이 분리되며 소용돌이 바람이 생겨. 이 소용돌이는 차를 끌어당기는 힘이 있어서 속도를 높일 때 자동차 몸체가 흔들리거나 공기 저항이 커지는 원인이 된단다. 에어로 핀을 붙이면 도움이 되는 작은 소용돌이가 만들어져서 공기층이 분리되는 것을 막아 차체가 안정되고(=더욱 안전하게 운전할 수 있다), 공기 저항이 줄어드는(=연료가 적게 든다, 바람을 가르는 소리가 작아진다) 효과가 있어. 차의 사이드미러나 테일 램프에 붙인 경우가 많지.

🙂 미래야 나한테 좋은 생각이 있어. 이번에 마라톤 대회에 나갈 때 에어로 핀을 체육복에 붙이면 공기 저항이 줄어들어서 더 빠르게 달릴 수 있지 않을까!

🙂 흠~ 네가 자동차 속도로 달리면 효과가 있을지도?

🙂 대… 대단한 충고 고맙다(이게 아닌데…).

※ 에어로 핀의 세로와 가로 길이의 비율은 빠르게 헤엄치는 청새치의 몸길이와 몸통 폭의 비율(몸통 폭÷몸길이=0.14)을 참고해서 만들었어요.

## 청새치의 비밀

**분포: 세계 각지의 따뜻한 바다**

몸길이는 2~4m이며, 고속으로 헤엄칠 수 있다. 정어리나 오징어 등을 주로 잡아먹는다. 실제로 청새치라는 이름의 물고기는 없고, 참치와 다른 분류의 물고기이다.

# 배가 거침없이 나아가는 비결은  페인트

### 무엇이 고마울까?

- 연료가 적게 든다(같은 양의 연료로 더 빠른 속도를 낼 수 있다).

- 🧑 선생님, 이거 보세요! 엄청나게 커다란 배가 나타났어요!
- 👨 탱커구나. 탱커 선박 중에는 길이가 300m를 넘는 배도 있어. 석유나 광석, 화물 컨테이너를 전 세계로 운반한단다.

- 처음 알았어요, 그런 배가 있었탱커!
- 저만큼 큰 배를 움직이려면 분명 엄청난 에너지가 필요하겠죠. 연료를 적게 쓰는 특별한 방법이 있을 것 같아요!
- 물의 저항을 줄이는 것도 하나의 방법이 되겠지. 어떤 생물에게서 힌트를 얻어 만들어진 선박용 페인트가 있거든.
- 어떤 생물이요? 이번에도 물고기일 것 같아요!
- 오~ 예리하구나. 정답은 참치. 물고기 중에서도 특히 빠르게 헤엄치는 참치의 피부는 미끌미끌한 물질로 뒤덮였는데, 이 물질이 물의 마찰력을 줄여주는 역할을 한단다.

  참치를 모방해서 만든 선박용 페인트 역시 미끌미끌해서, 배 아랫면에 바르면 물을 부드럽게 가르면서 나아갈 수 있어. 결과적으로 사용하는 연료가 적게 들지.
- 보이지 않는 부분까지 진지하게 고민해서 만들었네요.

### 참치의 비밀

**분포: 세계 각지의 따뜻한 바다**

큰 참치는 몸길이 2m, 몸무게 300kg 이상이며, 시속 80~90km 속도로 헤엄친다. 해류에 몸을 싣고 긴 거리를 이동하는데(2,000~6,000km 정도), 24시간 동안 쉬지 않고 계속 헤엄친다.

# 모르포나비의 색소가 없는 아름다운 페인트

### 무엇이 고마울까?

- 보는 각도에 따라 색깔이 바뀌어서 상품이 아름답게 보인다.
- 색소를 사용하지 않고 색을 표현할 수 있어서 지구 환경에 해롭지 않다.

 선생님, CD 안쪽은 왜 무지개처럼 여러 가지 색으로 보이는 걸까요?

그건 **구조색**이란다. 태양이나 조명처럼 흰색으로 보이는 빛도 사실은 빨강, 초록, 파랑 등 **여러 가지 색이 섞였거든**.

평평한 면에 하얀빛이 닿으면 사람의 눈에는 흰색으로 보여. 하지만 울퉁불퉁한 곳에 빛을 비추면 빛이 반사되는 방향과 세기가 제각각으로 달라져서 다양한 색이 나타나게 되지.

🙋 CD 안쪽 면에는 눈에 보이지 않는 요철이 많이 있겠네요.＊

🧑 그렇지. CD뿐만 아니라 생물 중에도 구조색을 가진 동물이 있어. 예를 들면 모르포나비. 날개 표면이 작은 돌기 구조의 비늘 가루로 덮였는데, 파랑 빛만 반사해.

구조색을 이용한 각도에 따라 빛깔이 달라지는 페인트도 있어. 색소를 사용하지 않고 색깔을 표현할 수 있어서 환경에도 해롭지 않지.

🙋 자전거나 책가방에 바르면 멋있을 거 같아요!

◆ **모르포나비의 날개**

모르포나비의 날개 표면은 복잡한 모양의 비늘 가루로 뒤덮였는데, 파란색 빛만 강렬하게 보이도록 해요.

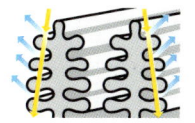

＊CD 안쪽 요철의 크기는 폭 0.5μm(머리카락 굵기의 200분의 1), 길이는 몇μm 정도예요.

## 모르포나비의 비밀

**분포: 중앙아메리카~남아메리카**

화려한 날개 색깔 때문에(수컷만) 세계에서 가장 아름다운 나비. 살아 있는 보석 등으로 불린다. 날개를 펼쳤을 때의 크기는 8~15cm 정도.

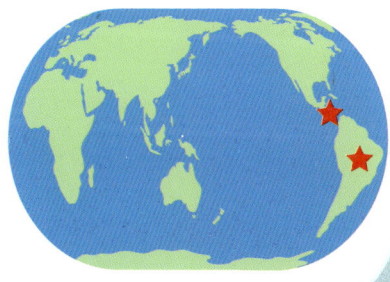

# 안전하게 걸을 수 있는
# 박쥐 초음파 레이더

### 무엇이 고마울까?

- 시각장애인이 더욱 안전하게 길을 걸을 수 있는 장치가 개발될 수도 있다.

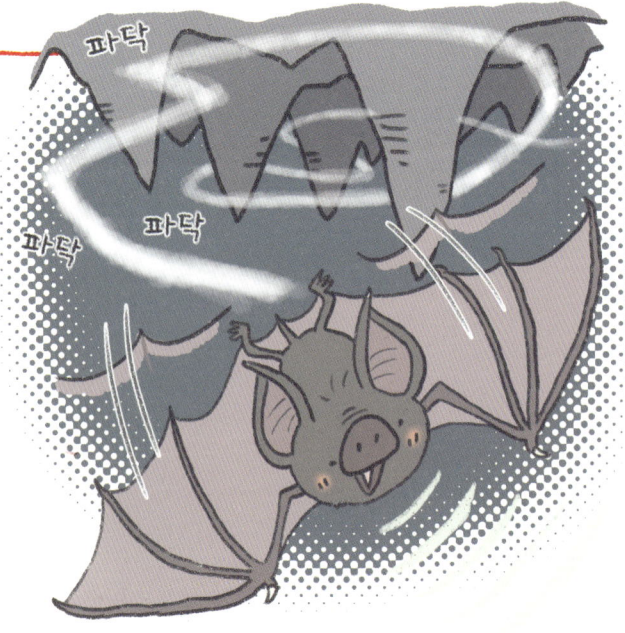

- 너희는 박쥐 하면 어떤 이미지가 떠오르니?
- 저는 피를 빨아 먹는 드라큘라요.
- 어둡고 축축한 동굴에 사는 동물이라 기분 나쁜 이미지만 생각나요.

🧓 허허. 두 사람 모두 별로 좋게 생각하지 않는 모양이구나. 하지만 박쥐는 굉장한 능력을 가진 동물이란다. 그중 하나가 어둠 속에서 부딪치지 않고 비행하는 능력이야.

👦 조명도 없는데 거침없이 휙휙 날아다니는 점은 대단하긴 해요.

🧓 그 비밀은 박쥐가 레이더를 가졌기 때문이야. 박쥐는 눈이 거의 보이지 않아서, 대신 입이나 코로 초음파를 내보내거든. 초음파로 사물의 위치와 크기, 빠르기 등 주변 상태를 탐색하지(에코로케이션).*

👧 그 원리는 우리 생활에도 응용할 수 있을 것 같은데요?

🧓 맞아. 현재 시각장애인들이 더욱 안전하게 길을 걸을 수 있도록 돕는 장치가 개발되고 있어.

◆ **에코로케이션**
초음파를 사용해서 주변 상태를 탐색하는 것을 말해요. 바닷속에 있는 물고기 떼를 찾는 어군탐지기도 똑같은 원리로 물고기를 찾아요.

* 박쥐 중에는 레이더를 사용하지 않고 눈으로 보고 움직이는 종류도 있어요.

## 박쥐의 비밀

**분포: 세계 각지**

자주 볼 수 있는 종류는 집박쥐이다. 몸길이는 5cm 정도이며, 벌레를 잡아먹는다. 날개를 편 몸길이가 2m 가까이 되는 날여우박쥐(과일을 먹는다) 등도 있다.

# 빛 반사를 막는 나방 필름

### 무엇이 고마울까?

- 빛 반사를 막아서 색이 선명하게 보인다.

- 미래야 그 사진은 뭐야?
- 얼마 전에 수족관에서 찍은 건데, 마음에 드는 사진이 없네….
- 진짜 괜찮은 사진이 없네, 빛이 반사되어서 수조밖에 안 보이잖아. 이 사진은 물고기 옆에 비친 모습처럼 찍혔어.

🧑 텔레비전이나 컴퓨터도 빛이 반사되어서 잘 안 보일 때 있잖아. 너무 불편한데 좋은 방법이 없을까….

👨‍🦳 그 문제는 나방 필름이 해결해줄 수 있을 것 같구나.*

🧑 앗, 선생님!

👨‍🦳 반사는 빛이 닿았을 때 되비치는 현상이야. 즉, 빛을 잘 통과시키는 소재라면 반사를 막을 수 있어. 그러한 점에서 나방의 눈이 주목받았지.

나방의 눈에는 빛을 잘 통과시키는 작은 돌기가 줄줄이 붙어 있는데, 모스 아이 구조라고 불린단다.

모스 아이 구조를 모방한 필름을 붙이면 반사도 줄어들고, 색도 선명하게 보여서 텔레비전 화면이나 그림 액자 등 다양한 곳에 사용돼.

### ◆ 나방의 눈 구조

나방은 모스 아이 구조 덕분에 어렴풋한 빛 속에서도 날 수 있어요. 그리고 빛을 반사하지 않기 때문에 천적의 눈에 잘 띄지 않지요.

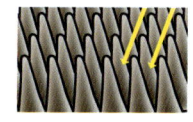

*나방 필름은 이물질이 묻으면 지우기 힘들고, 오염에 약하다는 여러 가지 약점이 있지만, 최근 연구에서 해결 방법을 찾았다는 내용이 있어요.

## 나방의 비밀

**분포: 세계 각지**

프랑스나 독일에는 나방과 나비를 구별하는 단어가 없다. 나방은 영어로 모스(moth). 눈은 아이(eye), 즉 모스 아이 구조이다.

# 생물형 드론이 활약할지도?!

### 무엇이 고마울까?

- 농약 뿌리기 같은 힘든 일을 도와준다.
- 사람 대신 위험한 장소에 갈 수 있다 (조난자 구조, 해저 탐사 등).

🧓 너희 드론이 뭔지 아니?

👦 헬리콥터… 아니, UFO처럼 생긴 무선조종장치요. 조작하지 않아도 자동으로 날 수 있는 것도 있죠. 그리고 물속에서도 움직

일 수 있는 잠수함 같은 드론도 있다고 알고 있어요!

👧 저는 '가까운 미래에 드론이 우편물을 배달할 것이다'라는 기사를 신문에서 읽은 적이 있어요.

👨 두 사람 모두 잘 아는구나. 드론은 지금 다양한 장소에서 활약하고 있어. 밭과 논에 농약을 뿌리기도 하고, 조난된 사람을 구조하기도 해. 바다 밑을 조사하기도 하지.

👦 생각보다 더 대단해요!

👧 활약할 곳이 많으니 목적에 맞는 형태의 드론이 필요하겠어요.

👨 좋은 지적이야. '새나 곤충처럼 벽에 매달리는 드론', '물속을 자유롭게 헤엄치는 펭귄을 흉내 내는 드론', '해파리처럼 바다를 떠돌면서 전기를 스스로 만들며 반영구적으로 움직일 수 있는 드론' 등 생물에서 힌트를 얻어 생겨난 드론을 전 세계 공학자들이 연구하고 개발하고 있어.

👦 조만간 '낚시했더니 물고기 모양 드론이 잡혔다!'라는 사람도 나타날 것 같아요.

## 드론의 비밀

### 오스트레일리아

오스트레일리아의 뉴사우스웨일스주에서는 인공지능 드론 리틀 리퍼(Little Ripper)가 해수욕객이 상어에게 공격당하지 않도록 감시하거나 물에 빠진 사람을 구조하고 있다.

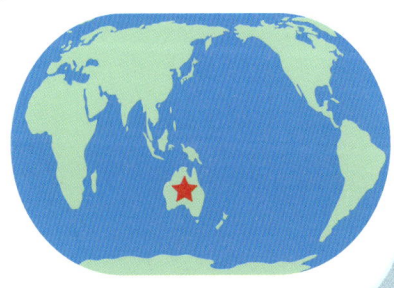

# 자연을 지켜라! 오래된 타이어를 분해하는 버섯

**무엇이 고마울까?**

- 오래된 타이어를 자원으로 재활용할 수 있을지도 모른다.

선생님, 우리나라에도 자동차가 엄청 많잖아요. 오래된 자동차는 중고차로 여러 사람이 다시 이용하지만 오래된 타이어는 어디로 가요?

- 오래된 타이어는 고쳐서 재사용하기도 하고, 육상용 트랙과 같은 운동시설이나 놀이터 바닥에 까는 용도로 가공돼. 하지만 60% 이상은 공장 연료가 되지.
- 공장 연료로 사용하려면 태워버리는 거예요? 활용 방법이라고 하기에는 좀 아쉬워요.
- 천연고무와 유황을 잘 분리할 수 있으면 다시 자원(천연고무)으로 이용할 수 있겠지만, 지금까지 좋은 방법을 찾지 못했어. 하지만 2018년 일본 돗토리환경대학의 사토우 신 교수가 해결의 실마리를 발견했어. 바로 소나무옷솔버섯과 흰자작나무버섯이야.
- 엥, 버섯!?
- 소나무옷솔버섯과 흰자작나무버섯은 천연고무를 상처 입히지 않고 유황을 분해하는 능력이 있어. 같은 작용을 하는 균은 이전에도 발견된 적이 있지만 두 버섯이 더 잘 분해한다고 해.
- 이 방법이 실용화되면 세계적으로 큰 변화가 생길 것 같아요.

## 소나무옷솔버섯의 비밀

**분포: 세계 각지**

버섯갓의 크기는 2~5cm 정도이다. 소나무처럼 침엽수의 마른 나무에 산다. 흰자작나무버섯은 일본이나 중국에서 보이고, 졸참나무나 떡갈나무처럼 활엽수의 마른 나무에 산다. 버섯갓의 크기는 10~20cm 정도이다.

### 궁금해요 04

# 날다람쥐 수트 입고 푸른 하늘을 훨훨!

**날**다람쥐는 다람쥐의 한 종류로 숲이나 산에 살아요. 바람을 타고 100m보다도 더 멀리 날 수 있는 점프의 달인이지요. 몸을 활짝 펼쳐서 나무에서 나무로 휘리릭 날아가는 모습 때문에 '하늘을 나는 방석'이라고 불리기도 해요.

인간은 오랜 옛날부터 새처럼 하늘을 자유롭게 날기를 꿈꿨어요. 비행기, 열기구, 행글라이더, 패러글라이더 등 지금까지 다양한 물건을 발명했습니다.

그중에서 최근 가장 주목받는 발명은 '윙수트 플라잉'이라는 스포츠예요. 손과 발 사이에 공기가 통과하지 못하는 나일론 천이 달린 날다람쥐 수트(윙수트)를 입고, 하늘 위 헬리콥터나 절벽에서 뛰어내립니다. 비행하는 모습이 꼭 날다람쥐 같지만, 최고 시속은 약 360km, 비행거리는 20km 이상이니 진짜 날다람쥐와는 차원이 다르죠!

이 스포츠를 즐기려면 전문적인 훈련과 경험을 쌓아야 해서 아무나 가벼운 마음으로 즐길 수 있는 것은 아니지만, 누구나 도전해볼 수 있는 '하늘을 나는 옷'이 발명되면 입어 보고 싶네요.

## 이 책에 도움을 주신 분들 & 참고문헌 (가나다순)

DIC 라이프테크 주식회사 〈혓바닥이 파랗게 변하지 않는 착색료〉
KINCHO 〈모기 잡는 향〉
Spiber 주식회사 〈인공 거미 실〉
긴지루시 주식회사 〈고추냉이〉
일본 이화학공업 주식회사 〈가리비 분필〉
닛토덴코 주식회사 〈도마뱀붙이 테이프〉
마루코메 주식회사 〈곰팡이균〉
샤프 주식회사 〈고양이 혓바닥 청소기·돌고래 세탁기·칼새 헤어드라이어〉
유한회사 만년필박사 〈오징어 잉크〉
주식회사 라이트닉스 〈거미의 바늘〉
주식회사 브리지스톤 〈북극곰 미끄럼방지 타이어〉
주식회사 오카다직물 〈페이크퍼〉
주식회사 유글레나 〈연두벌레〉
후지필름와코준야쿠 주식회사 〈투구게〉
시약화성품사업부 라이프사이언스개발본부 라이프사이언스연구소 다카스가 요시히로 선생
★
공립 돗토리환경대학 환경학부 사토우 신 준교수 〈오래된 타이어를 분해하는 버섯〉
구마모토대학 미우라 쿄코 준교수 〈벌거숭이두더지쥐〉
돗토리대학 이후쿠 신스케 교수 〈게 (키틴 나노섬유)〉
수의사/수의학 박사/교토부립대학 동물위생학연구실 교수 쓰카모토 야스히로 선생 〈타조 마스크〉
치바현립농업대학교 병해충전공교실 담당 시미즈 도시오 준교수 〈무당벌레〉
★
『American Scientist (MARCH-APRIL 2006)』
『가와사키 사이언스 월드』 가와사키시
『기타규슈시 에코투어가이드북 자연환경편』 기타규슈시
『독의 과학 독과 인간의 관계』 후나야마 신지 (나쓰메사)
『바이오미메틱스의 세계』 시라이시 다쿠 (다카라지마사)
『아주 쉬운 바이오미메틱스의 책』 시모무라 마사쓰구 (일간공업신문사)
경제산업성·후생노동성·농림수산성의 웹사이트
기타 등등

# 마치며

자연 속의 생물은 주로 태양에너지만 사용해서 살아갑니다. 음식도 태양에너지로 생긴 것들뿐이죠. 인간은 어떤가요? 지하에서 석유와 같은 에너지 자원을 파내고, 전기를 일으키고 자동차 연료로 사용합니다. 또 지하에서 파낸 여러 자원에 엄청나게 많은 에너지를 쏟아서 철, 알루미늄, 전자부품, 야채와 과일 비료 등을 만듭니다.

여러분도 잘 알고 있는 지구온난화를 비롯하여 플라스틱으로 인한 해양오염[1], 생물다양성의 급격한 감소[2] 등 지구는 지금 심각한 환경 위기를 겪고 있어요. 이러한 문제는 우리가 대량의 에너지와 자원을 계속 사용해온 결과입니다. 그러면 옛날처럼 자원과 에너지에 손대지 않고 불편함을 참으면서 지내면 해결될까요? 그렇지 않아요. 다시 진지하게 자연과 생물이 어떻게 살아가는지 관찰하고, 다양한 전략을 배우는 것이 중요합니다.

생명은 지금으로부터 38억 년 전에 태어났어요. 그때부터 지금까지 셀 수 없이 많은 환경변화에 적응하면서, 동물과 식물은 가장 적은 에너지로 서로 도우며 생존하는 방법을 찾았지요. 한편 인간이 에너지와 자원을 파내고 여러 가지 물건을 대량으로 만들기 시작한 것은 고작 200년 전부터예요. 무조건 자제하는 방법 대신, 자연의 전략을 배워서 지하자원과 에너지를 최대한 사용하지 않으면서 풍요로운 생활을 누릴 수 있으면 좋겠어요.

여러분도 지금부터 자연 속의 신비로운 기술을 발견해 보세요!

1 많은 플라스틱이 바다에 버려지고, 바다거북이나 물고기나 바닷새가 먹이로 착각해서 삼키면서 해마다 많은 동물이 죽어가고 있습니다. 이대로라면 2050년 정도에는 세상의 모든 물고기 무게만큼의 플라스틱이 바다를 떠다닐 것이라고 해요.

2 지구에는 많은 생물이 살아요. 그리고 서로 다양한 관계로 이어져 있지요. 우리는 꼬리를 물고 이어지는 자연의 은혜로운 관계 덕분에 살아갈 수 있습니다. 과일이 열매를 맺는 것도, 수도꼭지를 비틀면 물을 마실 수 있는 것도 모두 연결되었기 때문이에요. 그런데 자연의 연결 관계가 점점 끊어지고 있어요. 공룡시대는 1,000년에 한 종류의 생물이 멸종했지만, 지금은 1년 동안 40,000종류의 생물이 멸종한다고 합니다.

- 이시다 히데키

## 고마워! 세상을 바꾼 신기한 생물들
**인간에게 도움을 주는 동식물 이야기**

이시다 히데키 감수 | 리버럴출판사 편집부 글
마쓰모토 마키, 이케우치 릴리, 세키가미 에미 그림 | 허영은 옮김
스즈키 아키라 디자인

1판 1쇄 펴낸날 2023년 1월 28일
1판 4쇄 찍은날 2025년 4월 14일

펴낸이 정종호 | 펴낸곳 (주)청어람미디어
책임편집 박세희 | 마케팅 강유은 | 디자인 이원우
제작·관리 정수진 | 인쇄·제본 (주)성신미디어

등록 1998년 12월 8일 제22-1469호
주소 04045 서울특별시 마포구 양화로56(서교동, 동양한강트레벨) 1122호
전화 02-3143-4006~8 | 팩스 02-3143-4003

ISBN 979-11-5871-214-3  73470

잘못된 책은 구입하신 서점에서 바꾸어 드립니다.
값은 뒤표지에 있습니다.

NINGEN NO YAKU NI TATTEIRU ARIGATA-I IKIMONOTACHI
Copyright © 2019 by Liberalsya
All rights reserved.
Supervised by Hideki ISHIDA
Illustrations by Maki MATSUMOTO & Lilie IKEUCHI
First original Japanese edition published by Liberalsya, Japan.
Korean translation rights arranged with PHP Institute, Inc.
through BC Agency.

이 책의 한국어판 저작권은 BC에이전시를 통해 저작권자와의 독점 계약을 맺은 청어람미디어에 있습니다. 저작권법에 의해 한국 내에서 보호를 받는 저작물이므로 무단전재와 무단복제를 금합니다.